**АНГЛО-РУССКИЙ
СЛОВАРЬ СОКРАЩЕНИЙ
ПО КОМПЬЮТЕРНЫМ ТЕХНОЛОГИЯМ**

**КОМПЬЮТЕРЫ
ПРОГРАММЫ
МУЛЬТИМЕДИА
ИНТЕРНЕТ**

**ENGLISH-RUSSIAN
DICTIONARY OF ABBREVIATIONS
IN COMPUTER TECHNOLOGIES**

**COMPUTERS
PROGRAMS
MULTIMEDIA
INTERNET**

S. V. FADEEV

ENGLISH-RUSSIAN DICTIONARY OF ABBREVIATIONS IN COMPUTER TECHNOLOGIES

COMPUTERS
PROGRAMS
MULTIMEDIA
INTERNET

5435 abbreviations

«RUSSO»
MOSCOW
2000

С. В. ФАДЕЕВ

АНГЛО-РУССКИЙ СЛОВАРЬ СОКРАЩЕНИЙ ПО КОМПЬЮТЕРНЫМ ТЕХНОЛОГИЯМ

КОМПЬЮТЕРЫ
ПРОГРАММЫ
МУЛЬТИМЕДИА
ИНТЕРНЕТ

5435 сокращений

«РУССО»
МОСКВА
2000

ББК 32.97
Ф15

Фадеев С. В.
Ф15 Англо-русский словарь сокращений по компьютерным технологиям (компьютеры, программы, мультимедиа, Интернет): 5435 сокращений. — М: РУССО, 2000. — 336 с.

ISBN 5-88721-167-9

Словарь содержит 5435 сокращений по следующей тематике: вычислительные системы и сети, архитектура и элементы компьютерной техники, программирование и программное обеспечение, операционные системы, базы данных, автоматизированные системы управления, системы искусственного интеллекта, мультимедиа-системы, Интернет.

Словарь адресован переводчикам, программистам, работникам средств массовой информации, всем специалистам, использующим компьютерную технику в своей профессиональной деятельности, а также лицам, изучающим английский язык.

Издается впервые.
Оригинал-макет изготовлен автором.

ISBN 5-88721-167-9   ББК 32.97+81.2 Англ.-4

© «РУССО», 2000
Репродуцирование (воспроизведение) данного издания любым способом без договора с издательством запрещается.

ПРЕДИСЛОВИЕ

"**Англо-русский словарь сокращений по компьютерным технологиям (компьютеры, программы, мультимедиа, Интернет)**" издается впервые. Он содержит 5435 сокращений, отбор которых производился в течение нескольких лет из различных источников периодической печати, специальных изданий и справочников.

В словаре представлены разнообразные типы сокращений по следующей тематике: вычислительные системы и сети, архитектура и элементы компьютерной техники, программирование и программное обеспечение, операционные системы, базы данных, автоматизированные системы управления, системы искусственного интеллекта, мультимедиа-системы, Интернет.

Словарь адресован переводчикам, программистам, работникам средств массовой информации, всем специалистам, использующим компьютерную технику в своей профессиональной деятельности, а также лицам, изучающим английский язык.

Образование сокращений в области вычислительной техники - процесс непрерывный, переживающий сейчас настоящий бум в связи с повсеместным внедрением компьютерных технологий. Вот почему данный словарь является лишь отражением определенного этапа в развитии указанной отрасли знаний и не может претендовать на всю полноту охвата языкового материала, хотя и является одним из самых полных словарей подобного типа.

Мы с благодарностью примем любую конструктивную критику и рекомендации по содержанию словаря. Просим также присылать нам любые сокращения, отсутствующие в данном издании. Письма автору направлять по e-mail: *sfadeev@spb.cityline.ru*
или в изд-во: *117071, Москва, Ленинский пр., 15, оф. 323, Издательство "РУССО".*
Тел./факс: (095)237-25-02. E-mail: *russopub@aha.ru*

КАК ПОЛЬЗОВАТЬСЯ СЛОВАРЕМ

Состав Словаря

В Словарь включено 5435 сокращений английского языка, используемых в области вычислительной техники, программирования, мультимедиа и Интернет.

В Словаре представлены следующие типы сокращений английского языка:

1) аббревиатуры - инициальные буквенные сокращения: **AAAI** - **A**merican **A**ssociation for **A**rtificial **I**ntelligence; **AE** - **a**bsolute **e**rror;

2) аббревиатуры так называемого двойного уровня вложения, в которых первые буквы обозначают в свою очередь другие аббревиатуры: **LAU** - **LAN a**ccess **u**nit; **ASPI** - **a**dvanced **SCSI p**rogramming **i**nterface; **BPB** - **B**IOS **p**arameter **b**lock;

3) частичносокращенные слова, включающие буквенные аббревиатуры и полное слово: **ATIME** - **a**bsolute **time**; **ARCnet** - **a**ttached **r**esource **c**omputing **net**; **BitBlt** - **bit bl**ock **t**ransfer;

4) сложносокращенные слова слогового типа: **modem** - **mo**dulator-**dem**odulator; **transceiver** - **trans**mitter/re**ceiver**;

5) сложносокращенные слова смешанного образования, состоящие из сочетаний усеченных частей слов с начальными буквами: **ALGOL** - **ALGO**rithmic **L**anguage; **ANOVA** - **an**alysis **o**f **va**riance;

6) сложносокращенные слова смешанного образования, состоящие из сочетаний усеченных частей слов с конечными буквами этих же (**approxn** - **approx**imatio**n**; **assy** - **ass**embl**y**) или других слов (**bit** - **bi**nary digi**t**);

7) графические сокращения, образованные путем удаления всех букв, кроме начальной и конечной: **bd** - **b**oar**d**;

8) графические сокращения, образованные путем удаления гласных: **cmplx** - **c**o**mpl**e**x**; **JMP** - **j**u**mp**; **cnsl** - **c**o**nsl**e;

9) сокращения, состоящие из начальных и серединных букв одного слова: **adr** - **ad**d**r**ess;

10) сокращения, состоящие из начальных, серединных и конечных букв либо одного слова (**arrgt** - **arr**an**g**emen**t**), либо словосочетаний (**FDX** - **f**ull **d**uple**x**);

11) условные графические сокращения, в которых отсеченная часть обозначается точкой: **comb.** - **comb**ination; **disc.** - **disc**onnect;

12) инверсионные сокращения: **ln** - **n**atural **l**ogarithm;

13) сокращения, включающие элементы графического и фонетического характера (**SDX** - **s**torage **d**ata a**cc**eleration; **fax** - **fa**c**s**imile). В первом примере **X** является графическим заместителем фонетического [ks], передаваемого на письме сочетанием букв "cce" в слове acceleration, во втором случае **X** передает произношение сочетания "cs" в слове facsimile.

Следует обратить внимание на тот факт, что сокращение одних и тех же слов зачастую производится по разным буквам: ADX - automatic data exchange и AIE - American information exchange.

Служебные слова (артикли, предлоги, глагольные связки) чаще всего не включаются в состав английского сокращения (AIIM - **A**ssociation for **I**nformation and **I**mage **M**anagement), но иногда играют равноправную роль в образовании сокращения (APL - **A** **P**rogramming **L**anguage; BTW - **b**y **t**he **w**ay; PnP - **p**lug a**n**d **p**lay; WRU - **w**ho-are-yo**u**).

Как пользоваться словарем

Структура Словаря

Все сокращения в словаре расположены в алфавитном порядке. Варианты написания сокращений (прописными и строчными буквами) даются в одной статье через точку с запятой:

A; a - amplitude

Другие варианты сокращений расположены в одной словарной статье только в том случае, если они следуют сразу же друг за другом по алфавиту:

amp(l) - amplifier - усилитель

Сокращения, обозначаемые прописными буквами, даются перед сокращениями, переданными с помощью строчных букв. Например:

APP associative **p**arallel **p**rocessor - ассоциативный параллельный процессор

app apparatus - аппарат; установка; прибор; устройство; приспособление

Омонимичные сокращения приводятся в порядке алфавита расшифровки:

AS add-**s**ubtract - складывать - вычитать
AS application **s**erver - сервер приложений
AS architectural **s**imulator - архитектурный имитатор

Сокращения в корпусе словаря набраны **прямым полужирным шрифтом**, за ними сразу же следует расшифровка, набранная прямым светлым шрифтом, а буквы, слоги и слова, составляющие сокращение, выделяются **полужирным шрифтом**. После английской расшифровки приводится русский перевод:

APIC advanced **p**rogrammable **i**nterrupt **c**ontroller - усовершенствованный программируемый контроллер прерываний

При наличии соответствующих русских сокращений последние помещаются после перевода, например:

Как пользоваться словарем

ADPCM adaptive **d**ifferential **p**ulse **c**ode **m**odulation - адаптивная дифференциальная импульсно-кодовая модуляция, АДИКМ

В конце словаря имеется Алфавитный указатель всех русских сокращений, встречающихся в корпусе словаря.

Все необходимые пояснения приводятся после перевода, они набраны *курсивом* и заключены в круглые скобки:

ASA automatic and **s**ecure **a**uthentication - автоматизированная и надежная аутентификация *(технология идентификации пользователей на Web-узле).*

***

OTHER BOOKS & SOFTWARE BY
Dr. Sergei FADEEV

- 📖 ЭВМ в преподавании русского языка как иностранного (1990)
- 📖 Словарь сокращений современного русского языка (1997)
- 📖 Тематический словарь сокращений современного русского языка (1998)
- 💾 RusLang: Russian Language Intensive Computer Course (1992-2000)

Любое из этих изданий можно заказать по e-mail: *sfadeev@spb.cityline.ru*

http://www.fortunecity.com/campus/mason/433

FOREWORD

"English-Russian Dictionary of Abbreviations in Computer Technologies (Computers, Programs, Multimedia, INTERNET)" is published for the first time. This dictionary contains approximately 5435 abbreviations, selected over the period of several years from various sources of periodicals press, special publications and reference manuals.

In this dictionary various types of abbreviations are listed under the following categories: computer systems and networks, architecture and elements of computer science, computer programming and program support, operational systems, databases, automation, artificial intelligence, multimedia and Internet.

This dictionary is designed for translators, programmers, mass media support staff, various specialists utilizing computers in their professional activities, as well as for people learning English language.

Development of abbreviations in the area of computer science is a constant process, which at the present time is experiencing an explosion because of the introduction of computer technologies everywhere. That is why this dictionary is merely a reflection of a particular stage in the development of this area of knowledge, and can in no way claim to completely encompass the entire language of this subject, even though it is one of the most completed dictionaries of this type.

We will gratefully accept any constructive criticism and recommendations on the content of this dictionary. We also ask to send us any abbreviations not mentioned in this publication. Please send all correspondence to author:
e-mail: *sfadeev@spb.cityline.ru*
or to publisher: *117071, Москва, Ленинский пр., 15, оф. 323, Издательство "РУССО".*
Тел./факс: (095)237-25-02. E-mail: *russopub@aha.ru*

HOW TO USE THIS DICTIONARY

Content

This Dictionary includes 5435 English abbreviations, used in the area of computer science, programming and application programs, multimedia and Internet.

The following types of English abbreviations are presented herein:

1. Abbreviations - initial letters are abbreviated: **AAAI** - **A**merican **A**ssociation for **A**rtificial **I**ntelligence; **AE** - **a**bsolute **e**rror;

2. The so-called dual-level inclusion abbreviations, where first letters stand in turn for other abbreviations: **LAU** - **L**AN **a**ccess **u**nit; **ASPI** - **a**dvanced **S**CSI **p**rogramming **i**nterface; **BPB** - **B**IOS **p**arameter **b**lock;

3. Partially abbreviated words, including letter abbreviations and full words: **ATIME** - **a**bsolute **time**; **ARCnet** - **a**ttached **r**esource **c**omputing **net**; **BitBlt** - **bit bl**ock **t**ransfer

4. Syllable-type compound-abbreviated words: **modem** - **mo**dulator-**dem**odulator; **transceiver** - **trans**mitter/re**ceiver**;

5. Mixed formation compound-abbreviated words containing combinations of truncated parts of words with first letters: **ALGOL** - **ALGO**rithmic **L**anguage; **ANOVA** - **ana**lysis **of va**riance;

6. Mixed formation compound-abbreviated words, containing combinations of truncated parts of words with last letters from the same words (**approxn** - **approx**imatio**n**; **assy** - **ass**embl**y**), or other words (**bit** - **bi**nary digi**t**);

7. Graphic abbreviations, created by removing all letters except the first and the last: **bd** - **b**oar**d**;

8. Graphic abbreviations, created by removing vowels: **cmplx** - **c**o**mpl**e**x**; **JMP** - **j**u**mp**; **cnsl** - **c**o**nsl**e;

9. Abbreviations formed by first and middle letters of one word: **adr** - **ad**d**r**ess;

10. Abbreviations, formed from first, middle and last

How to use this Dictionary

letters of either one word (**arrgt** - **arr**an**g**emen**t**), or combinations of words (**FDX** - **f**ull **d**uple**x**);

11. Conventional graphic abbreviations, where the truncated part is symbolized by period: **comb.** - **comb**ination; **disc.** - **disc**onnect;

12. Inversion abbreviations: **ln** - **n**atural **l**ogarithm;

13. Abbreviations that include elements of graphic and phonetic character (**SDX** - **s**torage **d**ata a**cc**el**e**ration; **fax** - **fac**simile). In the first example **X** is a graphic substitute of the phonetic [ks], which in writing is represented by letters "**cce**" in the word "a**cce**leration"; in the second example **X** represents the pronunciation of the combination of "**cs**" in the word "fa**cs**imile".

Note that quite often the same words are abbreviated using different letters: **ADX** - **a**utomatic **d**ata e**x**change and **AIE** - **A**merican **i**nformation **e**xchange.

Connective words (articles, prepositions, verbal copulas) usually are not included in the context of English abbreviations (**AIIM** - **A**ssociation for **I**nformation and **I**mage **M**anagement), but sometimes they play equal role in the creation of an abbreviation (**APL** - **A** **P**rogramming **L**anguage; **BTW** - **b**y **t**he **w**ay; **PnP** - **p**lug a**n**d **p**lay; **WRU** - **w**ho-a**r**e-yo**u**).

Structure of the Dictionary

All abbreviations in the dictionary are listed in an alphabetical order. Various written forms of abbreviations (in capital or lower case letters) are listed in one article after semicolon: **A; a** - **a**mplitude

Other versions of abbreviations are listed in the same article only if they follow each other in the alphabet:

amp(l) - **amp**lifier - усилитель

Abbreviations, written in capital letters, are given before the abbreviations written in lower-case letters. For example:

APP **a**ssociative **p**arallel **p**rocessor - ассоциативный параллельный процессор

How to use this Dictionary

app apparatus - аппарат; установка; прибор; устройство; приспособление

Homonymous abbreviations are listed in order of decoding alphabet:

AS add-**s**ubtract - складывать - вычитать
AS application **s**erver - сервер приложений
AS architectural **s**imulator - архитектурный имитатор

Abbreviations in the body of the dictionary are printed in straight **semi-bold** font, after them immediately follows the decoding in straight light font, and the letters, syllables and words, comprising the abbreviation, are printed in **semi-bold font**. After English decoding follows Russian translation:

APIC advanced **p**rogrammable **i**nterrupt **c**ontroller - усовершенствованный программируемый контроллер прерываний

If corresponding Russian abbreviations are available, they are placed after the translation, for example:

ADPCM adaptive **d**ifferential **p**ulse **c**ode **m**odulation - адаптивная дифференциальная импульсно-кодовая модуляция, АДИКМ

At the end of the dictionary there is the Alphabetic Index of all Russian abbreviations mentioned in the body of the dictionary.

All necessary explanations are printed after the translation, in *italics* in parenthesis:

ASA automatic and **s**ecure **a**uthentication - автоматизированная и надежная аутентификация *(технология идентификации пользователей на Web-узле)*.

СПРАВОЧНАЯ ЛИТЕРАТУРА
(в хронологическом порядке)

Блувштейн В. О. Словарь сокращений английского, немецкого, голландского и скандинавских языков. Свыше 33 тыс. сокр. М.: СЭ, 1964. - 883 с.
Словарь сокращений по информатике / Авт. М. М. Балаховский и др. М.: Межд. центр НТИ, 1976. - 405 с.
Ralston A., Reilly E. D. Encyclopedia of computer science and engineering. Van Nostrand Reinhold Company Inc., 1982. - 1664 p.
Фаворов П. А. Англо-русский морской словарь сокращений. Около 22 тыс. сокр. М.: Воениздат., 1983. - 632 с.
Подосинов Г. С., Фрадкин М. Ш. /сост./ Русско-английские сокращения по информатике. М.: ВЦП, 1985. - 110 с.
Phillips G., Scellato D. I. Apple Macintosh Encyclopedia. Chapman and Hall, 1985. - 328 p.
Борковский А. Б. Англо-русский словарь по программированию и информатике. М.: Рус. яз., 1987. - 335 с.
Дробушевич Г. А. Словарь программиста. Минск: Выш. шк., 1988. - 143 с.
Англо-русский словарь сокращений по связи и радиоэлектронике. Ок. 30 тыс. сокр. М.: Воениздат, 1989. - 680 с.
Английские сокращения по электронной технике / Сост. Соболева Н. А. М.: ВЦП, 1990. - 70 с.
Зейденберг В. К. и др. Англо-русский словарь по вычислительной технике / Под ред. Е. К. Масловского. М.: Рус. яз., 1990. - 800 с.
Wennrich P. International encyclopedia of abbreviations and acronyms of organizations. Vol. 1-10. München, 1990 -
Дюжикова Е. А. Словарь сокращений современного английского языка. Владивосток, 1991. - 170 с.
Высочанская О. А. и др. Сокращения в информатике: Словарь-справочник. 2-е изд. М.: ВИНИТИ, 1992. - 382 с.
Азбука Novell. Толковый англо-русский словарь по локальным вычислительным сетям. М.: ТеТра, 1992.

Справочная литература

Масловский Е. К. Англо-русский словарь пользователя персональной ЭВМ. М.: Моск. междунар. школа переводчиков, 1992.

Мячев А. А. и др. Персональные ЭВМ: Толковый словарь. Англо-русский словарь сокращений. Ок. 700 сокр. М.: Радио и связь, 1993. - 96 с.

Волкова Н. О., Никанорова И. А. Англо-русский словарь наиболее употребительных сокращений. М.: Рус. яз., 1993. - 464 с.

Добринов С. С. /сост./ Толковый англо-русский словарь сокращений по информатике и программированию. Программные продукты, телекоммуникации, компьютеры, сети. Ок. 1750 сокр. М.: ИНФРА-М, 1994. - 128 с.

Першиков В. И., Савинков В. М. Толковый словарь по информатике. М.: Финансы и статистика, 1995. - 543 с.

Кокарев В. Н. Англо-русский толковый словарь терминов по сетевым технологиям. М.: АО "Информэйшн Компьютер Энтерпрайз", 1995. - 96 с.

Мячев А. А. и др. Англо-русский словарь: Мультимедиа-системы. Телекоммуникационные компьютерные сети. Безопасность компьютерных систем и сетей. М.: Радио и связь, 1995. - 192 с.

Орлов С. /сост./ Современный англо-русский словарь по вычислительной технике. М.: Лори, 1996. - 587 с.

Знак О. Н. /сост./Англо-русский словарь-справочник пользователя ПК. Минск: ИПП "Тивали-стиль", 1996. - 354 с.

The HUTCHINSON: Карманный словарь "Computing & Multimedia". М.: Внешсигма, 1996. - 256 с.

Фадеев С. В. Словарь сокращений современного русского языка: Ок. 15000 сокр. СПб.: Политехника, 1997. - 527 с.

Фадеев С. В. Тематический словарь сокращений современного русского языка: Ок. 20000 сокр. М.: РУССО, 1998. - 538 с.

АНГЛИЙСКИЙ АЛФАВИТ

A a	B b	C c	D d	E e	F f
G g	H h	I i	J j	K k	L l
M m	N n	O o	P p	Q q	R r
S s	T t	U u	V v	W w	X x
		Y y	Z z		

A; a **a**ccumulator - аккумулятор; сумматор накапливающего типа, накапливающий сумматор

A; a **a**mplitude - амплитуда

AA **a**uto **a**nswer - автоответ

AAAI **A**merican **A**ssociation for **A**rtificial **I**ntelligence - Американская ассоциация по искусственному интеллекту

AACS **a**synchronous **a**ddress **c**ommunication **s**ystem - асинхронно-адресная система связи

AAD **a**ctive **a**ddressing **d**isplay - дисплей с активной адресацией

AAI **a**pplication-to-**a**pplication **i**nterface - интерфейс связи между приложениями

AAP **A**merican **A**ssociation of **P**ublishers - Американская ассоциация издателей

AAR **a**utomatic **a**lternative **r**outing - автоматическая альтернативная маршрутизация; маршрутизация с автоматическим обходом неисправных узлов

AAS **a**dvanced **a**utomation **s**ystem - система автоматизации с дополнительными возможностями

AB **a**utomated **b**ibliography - библиография, составляемая на компьютере

ABC **a**ctivity-**b**ased **c**osting - оплата на базе фактического использования

ABC **a**pplication **b**uilding **c**lasses - классы построения приложений

ABCA **A**merican **B**usiness **C**ommunication **A**ssociation - Американская ассоциация по коммуникациям в сфере бизнеса

ABDL

ABDL automatic binary data link - линия автоматической передачи двоичных данных

ABEND abnormal end - аварийное прекращение решения задачи, авост

ABI application binary interface - прикладной двоичный интерфейс

ABIOS advanced basic input/output system - усовершенствованная базовая система ввода-вывода

ABM asynchronous balanced mode - асинхронный сбалансированный режим

ABR automatic bit rate detection - автоматическое определение скорости передачи двоичной информации

ABR available bit rate - доступная скорость передачи двоичной информации

ABR/ER available bit rate/explicit rate - доступная скорость передачи/явная скорость

abs absolute - абсолютный

abs absolute value - абсолютная величина, абсолютное значение

abs abstract - резюме; реферат; конспект; аннотация

absc abscissa - абсцисса

ABSTI Advisory Board of Scientific and Technological Information - Консультативный совет по научной и технической информации

ABVS advanced broadcasting video services - усовершенствованная служба видеовещания

AC access control - контроль доступа

AC alternating current - переменный ток

AC analog computer - аналоговый компьютер

ac account - счет; расчет

ac alternating current - переменный ток

ac	**a**lternating-**c**urrent - работающий на переменном токе; импульсного типа
ACA	**a**ctive **c**onfiguration **a**rea - плата преобразования
ACA	**A**merican **C**ommunication **A**ssociation - Американская ассоциация связи
ACA	**a**pplication **c**ontrol **a**rchitecture - архитектура управления приложениями
ACB	**a**utomatic **c**all **b**ack - автоматический возврат вызова
ACB	**a**udio **c**onference **b**ridge - микшер для речевой конференц-связи, мост аудиоконференции
ACC	**a**ll **c**harge **c**ard - сумматор; накапливающий регистр
ACC	**a**rea **c**ontrol **c**enter - зональный центр управления
ACC	**a**utomation **c**lassification **c**ode - код для автоматической классификации
acc	**acc**eptance - принятие
acc	**acc**ount - счет; расчет
acc	**acc**umulator - аккумулятор; сумматор накапливающего типа, накапливающий регистр
ACCES	**a**utomated **c**atalog of **c**omputer **e**quipment and **s**oftware - автоматизированный каталог средств вычислительной техники и программного обеспечения
ACCESS	**a**utomatic **c**omputer-**c**ontrolled **e**lectronic **s**canning **s**ystem - автоматическая электронная система сканирования с управлением от ЭВМ
acct	**acc**oun**t** - счет; расчет
ACD	**a**utomatic **c**all **d**istributor - устройство автоматического распределения вызовов

ACE

ACE access control encryption - шифрование управления доступом

ACE access control equipment - аппаратура управления доступом

ACE advanced computing environment - передовая компьютерная среда

ACE asynchronous communication element - адаптер асинхронной связи

ACF advanced communications function - развитая функция связи

ACH automated clearing house - автоматизированная клиринговая палата

ACI adjacent channel interference - помеха от соседнего канала

ACIA asynchronous communications interface adapter - адаптер асинхронной связи, адаптер интерфейса асинхронной передачи данных

ACID automatic classification and interpretation of data - автоматическая классификация и интерпретация данных

ACK acknowledge (character) - (символ) подтверждения приема; положительная квитанция; квитирование

ACL access control list - список управления доступом

ACL Association for Computer Linguistics - Ассоциация по компьютерной лингвистике *(США)*

ACL authorization control list - контрольный список для санкционирования доступа

ACM Association for Computer Machinery - Ассоциация по вычислительной технике *(США)*

ACMS application control and management system - система контроля и администрирования приложений

ACMS **a**utomated **c**onnection **m**anager **s**erver - сервер автоматизированного управления соединениями

ACP **a**ncillary **c**ontrol **p**rocessor - вспомогательный управляющий процессор

ACPA **A**ssociation of **C**omputer **P**rogrammers and **A**nalysts - Ассоциация программистов и системных аналитиков *(США)*

ACPI **a**dvanced **c**onfiguration and **p**ower **i**nterface - усовершенствованный интерфейс управления конфигурацией и энергопотреблением

ACR **a**udio **c**assette **r**ecorder - кассетный магнитофон

ACR **a**utomatic **c**all **r**eturn - автоматический возврат вызова

ACS **a**ccess **c**ontrol **s**tore - накопитель управления доступом

ACS **a**synchronous **c**ommunication **s**erver - сервер асинхронной связи

ACS **a**utomated **c**artridge **s**ystem - автоматизированная картриджная система

ACS **a**utomated **c**ommercial **s**ystem - автоматизированная коммерческая система

ACSE **a**ssociation **c**ontrol **s**ervice **e**lement - сервисный элемент управления ассоциацией

ACT **A**ssociation of **C**olor **T**hermoprinting - Ассоциация по цветной термопечати

ACT **a**udio **c**onference **t**erminal - оконечная аппаратура для речевой конференц-связи

ACT **a**utomatic **c**ode **t**ranslation - автоматическое преобразование кода

act **act**ual - фактический, действительный

ACU **a**utomatic **c**alling **u**nit - автоматическое вызывное устройство

ACU availability control unit - устройство управления доступом

ad adapter - адаптер, переходное устройство; сопрягающее устройство

AD; A/D analog-to-digital - аналого-цифровой

ADA automatic data acquisition - автоматический сбор данных

ADAC analog-digital-analog converter - аналого-цифроаналоговый преобразователь, АЦАП

ADAPSO Association of Data Processing Service Organizations - Ассоциация организаций по обслуживанию в области обработки данных (США)

ADAS architecture design and assessment system - система проектирования и оценки архитектуры

ADB Apple desktop bus - шина настольных систем фирмы "Apple"

ADC analog-digital conversion - преобразование из аналоговой формы в цифровую

ADC analog-digital converter - аналого-цифровой преобразователь, АЦП

ADCCP advanced data communication control procedure - усовершенствованная процедура управления передачей данных

add addition - сложение, суммирование

add address - адрес

addr address - адрес

ADE application development environment - среда разработки приложений

ADE automatic design engineering - техника автоматического проектирования

ADES automatic digital encoding system - автоматическая цифровая система кодирования

ADF	**a**dapter **d**efinition **f**ile	- файл определения адаптера
ADF	**a**utomatic **d**ocument **f**eeder	- автоматический загрузчик документов
ADHS	**a**nalog **d**ata **h**andling **s**ystem	- система обработки аналоговых данных
ADI	**A**utodesk **d**evice **i**nterface	- интерфейс с периферийными устройствами фирмы "Autodesk"
ADIS	**a**utomatic **d**ata **i**nterchange **s**ystem	- система автоматического обмена данными
adj	**adj**acent	- смежный; соседний
adj	**adj**ust	- регулировать; устанавливать; юстировать; настраивать; выравнивать
adj	**adj**ustment	- регулировка; установка; настройка; юстировка; выравнивание
ADL	**a**nimation **d**escription **l**anguage	- язык описания мультипликационных изображений
ADL	**a**utomated **d**ata **l**ibrary	- автоматизированная библиотека данных
ADMD	**ad**ministration **m**anagement **d**omain	- домен (область) административного управления
ADMS	**a**utomated **d**ata **m**anagement **s**ystem	- автоматизированная система обработки данных
ADP	**a**irborne **d**ata **p**rocessor	- бортовой процессор
ADP	**a**pplication **d**evelopers **p**latform	- платформа для разработки прикладных программ
ADP	**A**ssociation of **D**atabase **P**roducers	- Ассоциация производителей средств баз данных *(Великобритания)*
ADP	**a**utomatic **d**ata **p**lotter	- автоматический графопостроитель
ADP	automatic data processing	- автоматическая обработка данных

ADPC **a**utomatic **d**ata **p**rocessing **c**enter - центр автоматической обработки данных

ADPCM **a**daptive **d**ifferential **p**ulse **c**ode **m**odulation - адаптивная дифференциальная импульсно-кодовая модуляция, АДИКМ

ADPE **a**utomatic **d**ata **p**rocessing **e**quipment - оборудование для автоматической обработки данных

ADPE **a**uxiliary **d**ata **p**rocessing **e**quipment - вспомогательное оборудование для обработки данных

ADPS **a**utomatic **d**ata **p**rocessing **s**ystem - система автоматической обработки данных

adr **ad**d**er** - сумматор, суммирующее устройство

adr **ad**d**r**ess - адрес

ADS **ad**ministration **s**erver - административный сервер

ADSC **a**utomatic **d**ata **s**ervice **c**enter - сервисный центр по автоматической обработке данных

ADSL **a**symmetrical **d**igital **s**ubscriber **l**ine - асимметричная цифровая абонентская линия

ADT **a**rchitecture **d**efinition **t**echnique - метод определения архитектуры (программного обеспечения)

ADW **a**pplication **d**evelopment **w**orkbench - инструментальная система разработки приложений

ADX **a**utomatic **d**ata e**x**change - автоматический обмен данными

AE **a**bsolute **e**rror - абсолютная ошибка

AE **a**pplication **e**ntity - объект прикладного уровня

AE **a**rithmetic **e**lement - арифметический элемент

AE **a**rithmetic **e**xpression - арифметическое выражение

AEA	American Electronics Association - Американская ассоциация электроники
AEC	authorized education center - авторизованный учебный центр
AEC	automatic error correction - автоматическое исправление ошибок
AEG	active element group - активное логическое звено, АЛЗ
AEP	application environment profiles - профили прикладной среды
AES	application environment specification - спецификация прикладных программ
AES	asynchronous event scheduler - асинхронный планировщик событий
AES	Audio Engineering Society - Общество инженеров по звуковой технике
AES	auto emulation switching - автоматическое переключение эмуляции
AF; af	audio frequency - звуковая частота
AF	auxiliary flag - вспомогательный флаг переноса
AFD	automatic file distribution - автоматическое распространение файлов
AFG	analog function generator - генератор аналоговой функции
AFI	authority and format identifier - идентификатор полномочий и формата
AFIPS	American Federation of Information Processing Societies - Американская федерация обществ по обработке информации
AFM	applications from models - приложения на базе моделей
AFN	access feeder node - узел, обеспечивающий доступ

AFP	**a**dvanced **f**unction **p**rinter - принтер с расширенными функциональными возможностями
AFP	**A**ppleTalk **F**iling **P**rotocol - файловый протокол сети AppleTalk
AFR	**a**utomatic **f**ormat **r**ecognition - автоматическое распознавание формата
AGA	**a**dvanced **g**raphics **a**dapter - усовершенствованный графический адаптер
AGC	**a**udio **g**raphic **c**onferencing - аудиографическая конференция
AGP	**a**ccelerated **g**raphics **p**ort - порт ускоренной передачи графических данных, ускоренный графический порт
AHT	**a**ggregate **h**ardware **t**est - тест аппаратной части
AI	**a**rtificial **i**ntelligence - искусственный интеллект
AI	**a**utomated **i**nstruction - программированное обучение
AIA	**A**pple **i**ntegration **a**rchitecture - архитектура интеграции фирмы "Apple"
AIC	**a**utomatic **i**nformation **c**enter - автоматический информационный центр
AID	**a**ssociative **i**nteractive **d**ictionary - ассоциативный интерактивный словарь
AID	**a**utomatic **i**nformation **d**istribution - автоматическое распределение информации
AIE	**A**merican **i**nformation **e**xchange - американский информационный обмен
AIFF	**a**udio **i**nterchange **f**ile **f**ormat - файловый формат для обмена аудиоданными
AIIM	**A**ssociation for **I**nformation and **I**mage **M**anagement - Ассоциация по системам управления обработкой информации и изображений

AIM	**A**ssociation of **I**nformation **M**anagement - Ассоциация по управлению информацией *(Великобритания)*
AIM	**a**ssociative **i**ndexed (access) **m**ethod - ассоциативный индексный метод (доступа)
AIN	**a**dvanced **i**ntelligent **n**etwork - развитая интеллектуальная сеть
AIO	**a**nalog **i**nput/**o**utput - ввод-вывод аналоговых данных
AIO	**a**synchronous **i**nput/**o**utput - асинхронный ввод-вывод *(данных)*
AIV	**a**dvanced **i**nteractive **v**ideo - улучшенное интерактивное видео *(формат видеодиска)*
AKO	**A K**ind **O**f - "является видом" *(В представлении знаний - отношение между конкретным видовым понятием и соответствующим родовым понятием)*
AL	**a**daptation **l**evel - адаптационный уровень
AL	**a**rbitrated **l**oop - управляемая петля
ALDS	**a**dvanced **l**ight **d**elivery **s**ystem - улучшенная система подсветки
ALE	**a**ddress **l**ifetime **e**xpectation - ожидаемое время актуальности адреса
alg	**alg**ebra - алгебра
alg	**alg**ebraic(al) - алгебраический
algo	**algo**rithm - алгоритм
ALGOL	**ALGO**rithmic **L**anguage - АЛГОЛ *(Язык программирования высокого уровня)*
alloc	**alloc**ate - размещать; назначать, распределять
alloc	**alloc**ation - размещение; распределение *(ресурсов)*
alloc	**alloc**ator - программа распределения *(ресурсов)*

ALM application loadable module - загружаемый модуль приложения

ALP automated language processing - автоматическая языковая обработка (текста)

alpha alphabetic(al) - буквенный; алфавитный

ALS application layer structure - структура прикладного уровня

alt alteration - изменение; преобразование; перестройка

alt alternate - чередующийся; переменный

alt alternative - альтернатива; вариант; альтернативный

ALU arithmetic and logic unit - арифметико-логическое устройство, АЛУ

ALW advanced laboratory workstation - лабораторная рабочая станция с расширенными возможностями

AM amplitude modulation - амплитудная модуляция, AM

AM associative memory - ассоциативная память

AM auxiliary memory - внешняя (вспомогательная) память

am amplitude - амплитуда

A/M active matrix - активная матрица *(жидкокристаллического экрана)*

AMA absolute mail address - абсолютный почтовый адрес

AMAS automatic message accounting system - автоматическая система учета сообщений

AMCA Apple's media control architecture - архитектура управления носителями информации фирмы "Apple" *(для мультимедиа-систем на базе Macintosh)*

AMDS automatic message distribution system - автоматическая система распределения сообщений

amdt amendment - поправка

AMI alternate mark inversion - чередующаяся инверсия единиц

AMIS audio messaging interchange specification - спецификация на обмен речевыми сообщениями

AMLCD active matrix liquid-crystal display - жидкокристаллический дисплей на активной матрице

A-modem acoustic modem - акустический модем

AMP asymmetrical multiprocessing - асимметричная мультипроцессорная обработка

amp(l) amplifier - усилитель

AMPS American advanced mobile phone system - американская усовершенствованная система мобильного телефона

AMR automatic message recording - автоматическая запись (регистрация) сообщений

AMS administration and management services - службы сетевого администрирования и управления

AMSL ActionMedia software library - библиотека функций поддержки плат ActionMedia

amt amount - количество; сумма

AM TFT active-matrix thin-film transistor - (дисплей) на активной матрице тонкопленочных транзисторов

A/N alpha-numeric - буквенно-цифровой

anal analogous - аналоговый, моделирующий

anal analogy - аналогия

anal analysis - анализ

anal analyze - анализировать

ANDF architecture neutral distribution format - архитектура распространения (программ) в "нейтральном" формате
ANI automatic number identification - автоматическое определение номера
ANO automatic network operations - автоматизированная эксплуатация сети
ANOVA analysis of variance - дисперсионный анализ
ANR automatic network routing - автоматическая сетевая маршрутизация
ANS American National Standard - американский национальный стандарт
ans answer(ing) - ответ; реакция
ANSI American National Standards Institute - Американский национальный институт стандартов
ANSCII American National Standard Code for Information Interchange - Американский национальный стандартный код для обмена информацией
AO analog output - аналоговый вывод данных
AOC automated operations control - автоматизированное управление эксплуатацией
AOCE Apple open collaboration environment - открытая среда взаимодействия фирмы "Apple"
AOF automated office of the future - автоматизированный офис будущего
AOS add-or-subtract - складывать или вычитать
AP acquisition processor - процессор сбора данных
AP application process - прикладной процесс
AP application profile - прикладной профиль
AP attached processor - присоединенный процессор
APA all points addressable - "все точки адресуемые" *(графический режим вывода)*

APCUG **A**ssociation of **P**ersonal **C**omputers **U**sers **G**roups - Ассоциация групп пользователей персональных компьютеров

APD **a**verage **p**acket **d**elay - средняя задержка пакетов

APDA **A**pple **P**roduct **D**evelopers **A**ssociation - Ассоциация разработчиков продуктов фирмы "Apple"

API **a**pplication **p**rogram **i**nterface - интерфейс прикладной программы

API **a**utomatic **p**riority **i**nterrupt - автоматическое прерывание по приоритету

APIC **a**dvanced **p**rogrammable **i**nterrupt **c**ontroller - усовершенствованный программируемый контроллер прерываний

APL **A** **P**rogramming **L**anguage - АПЛ *(язык программирования)*

APLF **a**pplication **p**rocess **l**ocal **f**unctions - локальные функции прикладного процесса

APM **a**dvanced **p**ower **m**anagement - усовершенствованное управление энергопотреблением; улучшенное регулирование расхода энергии

APP **a**pplication **p**ortability **p**rofile - прикладной переносимый профиль

APP **a**ssociative **p**arallel **p**rocessor - ассоциативный параллельный процессор

app **app**aratus - аппарат; установка; прибор; устройство; приспособление

app **app**roximation - аппроксимация, приближение

APPC **a**dvanced **p**rogram-to-**p**rogram **c**ommunications - расширенный интерфейс межпрограммной связи

APPI advanced peer-to-peer internetworking - развитая архитектура связи одноуровневых сетей

appl application - применение, использование; прикладная задача

APPLI/COM application/communication - приложение/связь

APPN advanced peer-to peer networking - сеть с равноправными абонентами; развитая архитектура одноуровневых сетей

APPN-NN advanced peer-to peer networking - network node - развитая архитектура одноуровневых сетей - сетевой узел

approx approximate - аппроксимативный, приблизительный; приближенный; аппроксимирующий, приближающий

approx approximation - аппроксимация, приближение

approxn approximation - аппроксимация, приближение

APS asynchronous protocol specification - спецификация асинхронного протокола

APS attached processor system - система с присоединенным процессором

APS automated patent system - автоматизированная патентная система

APSE Ada Programming Support Environment - среда программирования на Аде

APT advanced parallel technology - развитая параллельная технология

APT all picture transfer - передача полного изображения

APT application programming tools - инструментальные средства прикладного программирования

APT automatically programmed tool - станок с автоматическим программным управлением

APT automatic picture transmission - автоматическая передача изображений

AQ; aq any quantity - произвольное количество; произвольная величина

AQL acceptable quality level - допустимый уровень качества

AR address register - адресный регистр

AR automatic restoration - автоматическое восстановление

ARA Apple remote access - метод дистанционного доступа фирмы "Apple"

ARAP AppleTalk Remote Access Protocol - протокол удаленного доступа в сетях AppleTalk

ARCnet attached resource computing net - локальная вычислительная сеть с присоединенными ресурсами

ARDA analog recording dynamic analyzer - аналоговый регистрирующий динамический анализатор

ARDIS advanced radio data information services - усовершенствованная информационная служба радиопередачи данных

ARF acknowledged run flag - индикатор подтверждения

arg argument - аргумент, доказательство, суждение; независимая переменная; параметр

arith arithmetic - арифметика, арифметический, арифметические операции; арифметическое устройство

arith arithmetical - арифметический

ARL access rights list - список пользователей, имеющих право доступа

ARL adjusted ring length - длина восстановленного кольца

ARLL advanced run-length-limited (code) - усовершенствованный код с ограничением расстояния между переходами

ARM advanced recovery mode - усовершенствованный режим восстановления информации

ARM asynchronous response mode - режим асинхронного ответа

AROM alterable read-only memory - перепрограммируемое постоянное запоминающее устройство

ARP Address Resolution Protocol - протокол разрешения (преобразования) адресов

ARPA Advanced Research Projects Agency - Управление перспективных исследований *(США)*

ARQ automatic request - автоматический запрос *(на повторение)*

arr arrange - размещать, располагать; классифицировать; приспосабливать; монтировать; компоновать

arrgt arrangement - размещение, расположение; классификация; приспособление; средство; монтаж; схема; устройство; установка; компоновка

ARS automatic route selection - автоматический выбор маршрута

ART adaptive recognition technology - технология адаптивного распознавания

ART automatic recognition technology - технология автоматического распознавания

ARTA Apple real-time architecture - архитектура реального времени фирмы "Apple"

ARU audio response unit - акустическое ответное устройство, устройство речевого вывода

AS add-subtract - складывать - вычитать

AS application server - сервер приложений

AS architectural simulator - архитектурный имитатор

ASA American Software Association - Американская ассоциация программного обеспечения

ASA American Standards Association - Американская ассоциация по стандартам

ASA automatic and secure authentication - автоматизированная и надежная аутентификация *(технология идентификации пользователей на Web-узле)*

ASC accounting statistics center - центр учета и сбора статистики

ASC advanced scientific computer - усовершенствованный компьютер для научных целей

ASC American Society for Cybernetics - Американское общество по кибернетике

ASC Apple sound chip - однокристальный звуковой усилитель-синтезатор фирмы "Apple" *(для Macintosh)*

ASC automatic setup computer - ЭВМ для установки заданных характеристик

ASCF application specific coding flag - флаг (признак) кодировки конкретного приложения

ASCII American Standard Code for Information Interchange - Американский стандартный код для обмена информацией

ASCOCR American Standard Characterset for Optical Character Recognition - Американский стандартный набор символов для оптического распознавания

ASD	**a**pplication **s**ystems **d**ivision - отделение системных приложений
ASD	**a**utomated **s**oftware **d**istribution - автоматизированное распространение программного обеспечения
ASE	**a**ccredited **s**ystem **e**ngineer - уполномоченный инженер-системотехник
ASE	**a**pplication **s**ervice **e**lement - прикладной сервисный элемент
ASF	**a**ctive **s**treaming **f**ormat - активный формат потоковых контейнерных файлов
ASF	**a**pplication **s**pecific **c**oding **f**lag - флаг кодировки конкретного приложения
ASF	**a**utomatic **s**heet **f**eed - автоматическая подача бумаги
asg	**as**si**g**n - назначать, присваивать
asgmt	**as**sig**nm**en**t** - назначение, присваивание, распределение
asgn	**as**si**gn** - назначать, присваивать
ASI	**a**synchronous **s**erial **i**nterface - асинхронный последовательный интерфейс
ASIC	**a**pplication-**s**pecific **i**ntegrated **c**ircuit - интегральная схема прикладной ориентации
ASIS	**A**merican **S**ociety for **I**nformation **S**cience - Американское общество по информатике
ASK	**a**mplitude **s**hift **k**eying - кодирование со сдвигом амплитуды
asm	**as**se**m**bly - компоновочный узел; скомпонованный блок; сборка, монтаж; компоновка
asm	**as**se**m**bler - ассемблер
asmbler	**as**s**em**b**ler** - ассемблер, компонующая программа
ASMO	**a**dvanced **s**torage **m**agneto-**o**ptical - улучшенная память на магнито-оптике

ASN	**a**bstract **s**yntax **n**otation - абстрактное описание синтаксиса
ASP	**a**ttached **s**upport **p**rocessor - присоединенный процессор
ASPI	**a**dvanced **SCSI** **p**rogramming **i**nterface - развитый интерфейс программирования SCSI
ASR	**a**utomatic **s**peech **r**ecognition - автоматическое распознавание речи
ASR	**a**utomatic **s**ystem **r**ecovery - автоматическое восстановление системы
AST	**a**synchronous **s**ystem **t**rap - асинхронное системное прерывание
assur	**assur**ance - обеспечение, гарантия
assy	**ass**embl**y** - компоновочный узел; скомпонованный блок; сборка, монтаж; компоновка
ASU	**a**dder/**s**ubtracter **u**nit - блок сложения - вычитания
ASV	**a**rithmetic **s**imple **v**ariable - простая арифметическая переменная
ASV	**a**utomatic **s**elf-**v**erification - автоматический самоконтроль
ASVD	**a**nalog **s**imultaneous **v**oice and **d**ata - аналоговый стандарт передачи речи и данных
AT	**a**utomatic **t**ranslation - автоматический перевод
A/T	**a**ction **t**ime - рабочее время
ATA	**A**RCnet **T**rade **A**ssociation - Ассоциация производителей средств для сети ARCnet
AT-bus	**a**dvanced **t**echnology-**bus** - шина усовершенствованной технологии
ATC	**a**uthorization **t**o **c**opy - разрешение на копирование *(программного обеспечения)*
ATC	**a**uthorized **t**raining **c**enter - авторизованный учебный центр

ATCP AppleTalk Control Protocol - управляющий протокол среды AppleTalk

ATDM asynchronous time division multiplexing - асинхронное временное уплотнение

ATE automatic test equipment - автоматическое испытательное оборудование

ATEC Authorized Technical Education Center - Авторизованный технический учебный центр (*"Microsoft"*)

ATF automatic track finding - автоматическое слежение за дорожкой (*носителя информации*)

ATIME absolute time - абсолютное время

ATIS automated tool identification system - автоматизированная система идентификации и поиска рабочего инструмента

ATM Adobe Type Manager - менеджер шрифтов фирмы "Adobe Systems Inc."

ATM asynchronous transfer mode - асинхронный режим передачи данных

ATM automatic teller machine - банковский автомат

ATMS advanced text management system - усовершенствованная система редактирования текста

ATN augmented transition network - расширенная сеть переходов

ATR audio tape recorder - магнитофон

ATRN active Token Ring network - активная сеть типа Token Ring; активная сеть с доступом по системе маркерного кольца

ATS automatic test system - автоматическая испытательная система, автоматический тестер

ATS automatic transfer system - система автоматического перевода

ATS	automated troubleshooting system - автоматическая система диагностики
ATSU	Association of Time-Sharing Users - Ассоциация пользователей систем с разделением времени *(США)*
AU	arithmetic unit - арифметическое устройство, АУ; арифметический блок
AUD	audit - контроль
aug	augment - прибавлять; пополнять; дополнять; увеличиваться
AUI	access unit interface - интерфейс устройств доступа
AUI	attachment unit interface - интерфейс соединительного узла *(сети Ethernet)*
AUP	acceptable use policy - принятые правила пользования
AURP	AppleTalk Update-based Routing Protocol - протокол маршрутизации с обновлением среды AppleTalk
AVA	audio visual aid - аудиовизуальное средство
avail	availability - готовность; работоспособность; коэффициент готовности; доступность; наличие
AVC	audio-visual connection - аудиовизуальная связь
avg	average - среднее (значение); средний
AVI	audio-video interface - аудио-видео интерфейс
AVL	Adelson-Velsky and Landis tree - дерево Адельсона-Вельского и Ландиса, AVL-дерево, сбалансированное (по высоте) дерево *(двоичное дерево, в котором для любой вершины высота левого поддерева отличается от высоты правого поддерева не более, чем на единицу)*

AVNP Autonomous Virtual Network Protocol - протокол автономной виртуальной сети
AVP attached virtual processor - присоединенный виртуальный процессор
AVR automatic voice recognition - автоматическое распознавание речи
AVS application visualization system - прикладная система визуального отображения
AVSS audio-visual support system - система аудиовизуальной поддержки
AVT address vector table - таблица адресных векторов
AWG American wire gauge - американская классификация проводов

B

B	**b**inary - двоичный; бинарный, двойной, двучленный, с двумя переменными
B	**b**it - бит, (двоичный) разряд
BA	**b**inary **a**dd - двоичное сложение
BAC	**b**alanced **a**synchronous **c**lass - сбалансированный асинхронный класс
BAC	**b**inary-**a**nalog **c**onversion - преобразование из двоичной формы в аналоговую
BAC	**b**inary **a**symmetric **c**hannel - двоичный несимметричный канал
BAK	**bak**up - резервная копия, резервный экземпляр; создавать резервную копию
BAS	**b**asic **a**ctivity **s**ubset - базовое подмножество активности
BASIC	**b**eginner's **a**ll **p**urpose **s**ymbolic **i**nstruction **c**ode - БЕЙСИК, универсальная система символического кодирования для начинающих *(простой для изучения и применения язык программирования, ориентированный на диалоговую работу)*
BAT	**bat**ch file - командный файл
BBS	**B**ulletin **B**oard **S**ystems - электронная доска объявлений, ЭДО
BC	**b**inary **c**ode - двоичный код
BC	**b**roadcast **c**hannel - широкополосный канал
BC	**b**yte **c**omputer - компьютер с байтовой организацией
BCC	**b**lock **c**heck **c**haracter - символ контроля блока
BCD	**b**inary **c**oded **d**ecimal - двоично-десятичное число; двоично-кодированный десятичный

BCD/B binary coded decimal/binary - (преобразование) из двоично-кодированной десятичной формы в двоичную

BCI binary coded information - двоично-кодированная информация

BCN broadband communication network - широкополосная сеть связи

BCN business communication network - коммерческая сеть связи

BCR business card reader - устройство чтения визитных карточек

BCS basic catalog structure - базовая структура каталога

BCS basic combined subset - базовое комбинированное подмножество

BCS block checking sequence - контрольная последовательность блока данных

BCS British Computer Society - Британское общество вычислительной техники

BCW buffer control word - слово управления буфером

bd bit density - плотность записи в битах на единицу длины

bd board - (коммутационная) доска; (коммутационная) панель; наборная панель; пульт; стол; щит; плата

BDAM basic direct access method - базисный метод прямого доступа

BDC backup domain controller - контроллер резервного копирования домена

BDC binary-decimal counter - двоично-десятичный счетчик

BDE Borland database engine - процессор баз данных фирмы "Borland"

BDF business design facility - средство обработки бизнес-моделей

BDLC Borroughs Data Link Control Protocol - протокол управления каналом передачи данных

BDOS Basic Disk Operating System - базовая дисковая операционная система, БДОС

BDP business data processing - обработка коммерческой (деловой) информации

BDU basic display unit - базовый дисплей; основной дисплей

BE basic equipment - основное оборудование

BE Boolean expression - булево выражение

BEAMOS beam addressed MOS - (запоминающая) МОП-структура с лучевой адресацией

BEB binary exponential backoff - двоичная экспоненциальная задержка

BEC back-end computer - оконечная ЭВМ

BECN backward explicit congestion notification - явное предуведомление о перегрузке

BEP back-end processor - постпроцессор

BER basic encoding rules - базовые правила кодирования

BER bit error rate - коэффициент битовой ошибки

BERT bit error rate tester - устройство измерения вероятности битовой ошибки

BFLOPS billion of floating-point operations per second - гигафлопс, миллиард операций с плавающей запятой в секунду

bfr buffer - буфер; буферная схема; буферное устройство; буферное запоминающее устройство; буферный регистр

BGI Borland graphics interface - графический интерфейс фирмы "Borland" *(программный пакет)*

BIC **b**us **i**nterface **c**ontroller - контроллер магистрального интерфейса

BICI **b**roadband **i**nter**c**arrier **i**nterface - интерфейс широкополосной связи частных региональных сетей

BIDEC **bi**nary-to-**de**cimal **c**onversion - преобразование из двоичной системы (счисления) в десятичную

BIFO **bi**ased **FIFO** - обратного магазинного типа с предпочтением

BIGFET **bi**polar **i**nsulated **g**ate **f**ield **e**ffect **t**ransistor - комбинация полевого транзистора с изолированным затвором на входе и биполярного транзистора на выходе

BILBO **b**uilt-**i**n **l**ogic **b**lock **o**bserver - встроенный контроллер логического блока

BIM **b**eginning-of-**i**nformation **m**arker - маркер начала информации

bimag **bi**stable **mag**netic (element) - магнитный элемент с двумя устойчивыми состояниями

BIN **b**ank **i**dentification **n**umber - идентификатор банка

bin **bin**ary - двоичный; бинарный, двойной, двучленный, с двумя переменными

BIOS **B**asic **I**nput-**O**utput **S**ystem - базовая система ввода-вывода

BIPS **b**illion **i**nstructions **p**er **s**econd - миллиард операций в секунду, млрд. опер./с *(единица быстродействия сверхпроизводительных компьютеров)*

BISAM **b**asic **i**ndexed **s**equential **a**ccess **m**ethod - базисный индексно-последовательный метод доступа

BIST	**b**uilt-**i**n **s**elf-**t**est	встроенный самоконтроль
BISYNC	**bi**nary **syn**chronous **c**ommunications	двоичная синхронная (познаковая) передача
BIT	**b**inary **i**nformation **t**ransfer	передача двоичных данных
BIT	**b**roadband **i**nfrastructure **t**echnology	технология широкополосной инфраструктуры
BIT	**b**uilt-**i**n **t**est	встроенный тест
bit	**bi**nary digi**t**	двоичная цифра; двоичный разряд, бит; двоичный знак
BitBlt	**bit** **bl**ock **t**ransfer	передача битового блока
BitFAT	**bit**-mapped **f**ile **a**llocation **t**able	побитовое отображение таблицы размещения файлов
BIU	**b**uffer **i**nterface **u**nit	блок сопряжения с буфером
BIU	**b**us **i**nterface **u**nit	блок интерфейса с шиной
BIX	**b**inary **i**nformation e**x**change	обмен двоичными данными
bkt	**b**rac**k**e**t**	скобка; прямая [квадратная] скобка
bl	**bl**anking	запирание; затемнение; бланкирование
bl	**bl**ock	блок, узел; группа
BLAST	**bl**ocked **as**ynchronous **t**ransmission	поблочная асинхронная передача
BLER	**bl**ock **er**ror **r**ate	коэффициент блочной ошибки
blk	**bl**an**k**	пробел, пропуск; пустое место
blk	**bl**oc**k**	блок, узел; группа
blnk	**bl**a**nk**	пробел, пропуск; пустое место
BLOB	**b**inary **l**arge **ob**jects	большие двоичные объекты
BLR	**b**inary **l**anguage **r**epresentation	язык двоичного представления
BM	**b**asic **m**odule	базовый модуль

BMAG b**i**stable **mag**netic element - магнитный элемент с двумя устойчивыми состояниями

BMC **b**lock-**m**ultiplexed **c**hannel - блок-мультиплексный канал, мультиплексный канал с поблочной передачей данных

BMS **b**roadcast **m**essage **s**erver - сервер широковещательной рассылки сообщений

BMS **b**usiness **m**anagement **s**ystem - коммерческая управляющая система

BN **b**inary **n**umber - двоичное число

BN **b**us **n**etwork - шинная сеть

BNC **b**ayo**n**et locking **c**onnector - байонетный (штыковой) разъем

BNF **B**ackus-**N**ormal **F**orm, **B**ackus-**N**aur **F**orm - нормальная форма Бэкуса, форма Бэкуса - Наура, БНФ

BOC **b**yte-**o**riented **c**omputer - компьютер с байтовой организацией

BOCA **B**orland **o**bject **c**omponent **a**rchitecture - архитектура объектных компонентов фирмы "Borland"

BOP **B**it **O**riented **P**rotocol - бит-ориентированный протокол

BORAM **b**lock-**o**riented **r**andom-**a**ccess **m**emory - блочно-ориентированное запоминающее устройство с произвольной выборкой, запоминающее устройство с произвольной выборкой и блочным обменом данных

BOS **b**asic **o**perating **s**ystem - базовая операционная система

BOT **b**eginning **o**f **t**ape - начало ленты

BOT **b**eginning **o**f **t**ransmission - начало передачи *(управляющий символ)*

BP	**b**ase **p**ointer - указатель базы
BPAM	**b**asic **p**artitioned **a**ccess **m**ethod - базисный библиотечный метод доступа
BPB	BIOS **p**arameter **b**lock - блок параметров BIOS
BPI	**b**usiness **p**rocess **i**mprovement - модернизация бизнес-процессов
BPI; bpi	**b**it **p**er **i**nch - (число) бит на дюйм
BPR	**b**usiness **p**rocess **r**eengineering - реорганизация (реинжиниринг) бизнес-процессов
B-program	**b**enchmark **program** - эталонная программа
BPS; bps	**b**it **p**er **s**econd - (число) бит в секунду, бит/с
BR	**b**oot **r**ecord - загрузочная запись
BR	**b**oundary **r**outing - граничная маршрутизация
br	**br**anch - ответвление, (условный) переход; ветвь
B-rep	**b**oundary **rep**resentation - контурное представление *(вид машинной графики)*
BRI	**b**asic **r**ate **i**nterface - интерфейс с базовой скоростью *(ориентирован на основную скорость передачи)*
BRM	**b**asic **r**eference **m**odel - базовая эталонная модель
BS	**b**ack**s**pace (character) - знак возврата на одну позицию или один формат
BS	**b**inary **s**ubtract - двоичное вычитание
BS	**B**ritish **s**tandard - Британский стандарт
BSA	**B**usiness **S**oftware **A**lliance - Союз производителей программ, применяемых в бизнесе
BSAM	**b**asic **s**equential **a**ccess **m**ethod - базисный последовательный метод доступа
b/s	**b**it per **s**econd - (число) бит в секунду, бит/с
BSC	**b**asic (message) **s**witching **c**enter - главный центр коммутации сообщений

BSC binary synchronous communication - двоичная синхронная передача данных
BSCA binary synchronous communication adapter - адаптер двоичной синхронной передачи данных
BSI British Standards Institute - Британский институт стандартов
BSN back-end storage network - сеть с внутренней памятью
BSP bit-serial processing - последовательная поразрядная обработка
BSP Byte Stream Protocol - протокол потока байтов
BSS bulk storage system - запоминающее устройство большой емкости
BT batch terminal - терминал (для) пакетной обработки (данных)
BTAC branch-target address cache - кэш-память адресов ветвлений
BTAM basic telecommunication access method - базисный телекоммуникационный метод доступа
BTB branch target buffer - буфер адреса перехода
BTP Bulk Transfer Protocol - протокол передачи массивов (данных)
BTR bit transfer rate - скорость передачи битов
BTU basic transmission unit - основной блок передачи данных
BTW by the way - кстати
BW-display black-and-white display - черно-белый (монохромный) дисплей
BWOD band width on demand - режим выбора пропускной способности по требованию
BYMUX byte-multiplexer (channel) - байт-мультиплексный канал, мультиплексный канал с побайтовой передачей данных

C; c capacitance - емкость; емкостное сопротивление
C; c capacity - емкость; производительность; пропускная способность
C; c case - корпус; регистр
C; c circuit - схема; цепь; контур
C; c coefficient - коэффициент
C; c computer - компьютер, вычислительная машина, ЭВМ; вычислительное устройство
C; c contact - контакт
C; c control - управление; регулирование; контроль; устройство управления; управляющее воздействие
C; c current - электрический ток; поток
C; c cycle - цикл; период
CA common application - общее приложение
CA communication adapter - адаптер (каналов) связи, коммуникационный адаптер
CA current awareness - текущее оповещение
CAA computer augmented acceleration - режим вращения диска, корректируемый компьютером
CAC computer-aided composition - создание музыкальных композиций с помощью компьютера
CACE computer-aided control engineering - автоматизированная разработка систем управления, АРСУ
CACSD computer-aided control system design - автоматизированное проектирование систем управления, АПСУ

CAD computer-aided design - автоматизированное проектирование

CAD computer-assisted diagnostics - компьютерное диагностирование

CAD/CAM computer-aided design / computer-aided manufacturing - автоматизированное проектирование и производство

CADD computer-aided design and drafting - автоматизированное проектирование и изготовление чертежей

CADE computer-aided design and evaluation - автоматизированное проектирование и оценка

CADIS computer-aided design interactive system - интерактивная система автоматизированного проектирования

CADL communication and data link - линия связи и передачи данных

CAE common application environment - общая прикладная среда

CAE computer-aided engineering - автоматическое конструирование; автоматизированная разработка, АР

CAF content-addressable filestore - ассоциативная файловая память, ассоциативное запоминающее устройство

CAFS content addressable file store - ассоциативная файловая память

CAI computer-aided instruction - автоматизированное обучение

CAI computer-assisted instruction - автоматизированное обучение, обучение с помощью компьютера

CAL computer-aided learning - обучение с использованием компьютера

CAL	**c**onversational **a**lgebraic **l**anguage	диалоговый алгебраический язык
cal	**cal**culate	вычислять; рассчитывать; подсчитывать
cal	**cal**ibrate	калибровать; градуировать; проверять, проводить проверку
calc	**calc**ulate	вычислять; рассчитывать; подсчитывать
calc	**calc**ulator	счетная машина; калькулятор; вычислительная машина; вычислительное (счетно-решающее) устройство
calc	**calc**ulus	исчисление; вычисления
calcn	**calc**ulatio**n**	вычисление; расчет; подсчет
CAM	**c**ascade **a**ccess **m**ethod	каскадный метод доступа
CAM	**c**ommunication **a**ccess **m**ethod	коммуникационный метод доступа
CAM	**c**omputer-**a**ided **m**anufacturing	автоматизированное изготовление; автоматизированное производство, автоматизированная система управления производством, АСУП
CAM	**c**ontent **a**ddressable **m**emory	ассоциативная память, ассоциативное запоминающее устройство
CAM	**c**ybernetic **a**nthropomorphous **m**achine	антропоморфный робот
CAMAC	**c**omputer-**a**ided **m**easurement **a**nd **c**ontrol	автоматизированные средства измерения и управления, система КАМАК
CAN	**can**cel character	знак игнорирования; знак аннулирования
CAN	**c**ustomer **a**ccess **n**etwork	сеть с абонентским доступом

can.

can.	**can**cellation - отмена; стирание; потеря значащих разрядов; гашение; сокращение
CAP	**c**ommunication **a**ccess **p**oint - пункт доступа к среде передачи
CAP	**c**ommunication **a**ccess **p**rocessor - процессор доступа к среде передачи
CAP	**c**ompetitive **a**ccess **p**roviders - провайдеры, предоставляющие развитые средства доступа к среде передачи
CAP	**c**omputer-**a**ided **p**lanning - автоматизированное планирование
CAP	**c**omputer-**a**ided (computer assisted) **p**ublishing - издание с помощью компьютера; автоматизированная издательская система
CAP	**c**ontrolled **a**ccess **p**rotection - защита контролируемого доступа
cap.	**cap**acitor - конденсатор
cap.	**cap**acity - емкость; производительность; пропускная способность
CAPG	**c**ontrol of **a**pplication **p**rocess **g**roup - управление группой прикладных процессов
CAPM	**c**omputer-**a**ided **p**roduction **m**anagement - автоматизированное управление производством
caps	**cap**ital letter**s** - прописные (заглавные) буквы
CAQ	**c**omputer-**a**ided **q**uality - система автоматизированного контроля качества
CARAM	**c**ontent **a**ddressable **r**andom-**a**ccess **m**emory - ассоциативная память (ассоциативное запоминающее устройство) с произвольной выборкой, ассоциативное ЗУПВ
carr	**carr**iage - каретка
CAS	**c**olumn **a**ddress **s**trobe - строб адреса столбца (в ЗУ)

CAS	**c**ommunication **a**pplication **s**pecification - спецификация для коммуникационных приложений
CAS	**c**omputer-**a**ided **s**ystem - автоматизированная система
CASD	**c**omputer-**a**ided **s**ystem **d**esign - автоматизированное проектирование систем
CASE	**c**ommon **a**pplication **s**ervice **e**lement - общий сервисный элемент прикладного уровня
CASE	**c**omputer-**a**ided **s**cience **e**ngineering - автоматизация научных исследований и экспериментов
CASE	**c**omputer-**a**ided **s**oftware **e**ngineering - автоматизация разработки программного обеспечения
CASE	**c**omputer-**a**ided **s**ystem **e**ngineering - автоматизированное проектирование систем
CAT	**c**omputer-**a**ided **t**echnologies - компьютерные технологии
CAT	**c**omputer-**a**ided **t**esting - испытания с применением компьютера; автоматизированный контроль
CAT	**c**omputer-**a**ided **t**raining - машинное обучение
CAT	**c**omputer-**a**ided **t**ranslation - автоматизированный перевод
CAT	**c**omputer-**a**ided **t**ypesetting - компьютерный набор текста
CAT	**c**ustomer **a**ctivated **t**erminal - терминал клиента (в банке); банкомат
CAU	**c**ontrolled **a**ccess **u**nit - управляемое устройство доступа
CAV	**c**onstant **a**ngular **v**elocity - постоянная угловая скорость

CAW channel address word - адресное слово канала
CB carrier band - несущая полоса
CB control board - пульт управления
CB control button - кнопка управления
CB current bit - текущий (двоичный) разряд, текущий бит
CBC cipher block chaining - цепочка цифровых блоков
CBCS computer-based conference system - автоматизированная система проведения конференций
CBE computer-based education - компьютеризованное обучение
CBEMA Computer and Business Equipment Manufacturing Association - Ассоциация изготовителей компьютеров и оргтехники
CBF computer-based fax - компьютерный факс
CBL computer-based learning - компьютеризованное обучение
CBMS computer-based message system - автоматизированная система передачи данных
CBR case-based reasoning - рассуждения по прецедентам
CBR constant bit rate - постоянная скорость передачи
CBT computer-based training - обучение с помощью компьютера
CC card column - колонка (перфо)карты
CC carriage control - управление кареткой
CC central computer - центральная вычислительная машина
CC central control - центральный пульт управления
CC color code - цветовой код

CC	combination card	комбинированная плата *(плата видеоадаптера, реализующего несколько видеографических стандартов с повышением разрешающей способности)*
CC	condition code	код условия
CC	connecting circuit	схема соединений
CC	cross correlation	взаимная корреляция
cc	calculator	счетная машина; калькулятор; вычислительная машина; вычислительное (счетно-решающее) устройство
cc	carbon copy	машинописная копия
CCA	conceptual communication area	концептуальная среда связи, концептуальная область взаимодействия
CCB	channel control block	блок управления каналом
CCB	command control block	блок управления командой
CCB	cyclic check byte	байт циклического контроля
CCC	Copyright Clearance Center	Центр по проверке авторских прав *(США)*
CCCL	complementary constant current logic	комплементарные логические схемы с переключением сигналов постоянного тока
CCD	charge coupled device	прибор с зарядовой связью, ПЗС
CCD	computer controlled display	дисплей с управлением от компьютера
CCD	core current driver	токовый формирователь запоминающего устройства на (магнитных) сердечниках
CCE	collaborative computing environment	среда совместных вычислений

CCF common communication format - единый коммуникационный формат

CCH channel check handler - устройство контроля (работы) канала

CCIS coaxial cable information system - коаксиальная кабельная информационная система

CCITT Consultative Committee for International Telegraphy and Telephony - Консультативный комитет по международной телеграфной и телефонной связи

CCL communication control language - язык управления передачей сообщений

CCN computer communication network - сеть связи с компьютером

CCP certificate in computer programming - диплом программиста

CCP channel control processor - процессор управления каналом

CCP communications control package - пакет для управления передачей сообщений

CCP communications control program - программа управления передачей сообщений

CCP console command processor - пультовый процессор (для обработки) команд, процессор пультовых команд

CCPC connected car personal computer - соединенный автомобильный персональный компьютер

CCR Commitment, Concurrency and Recovery Protocol - протокол передачи, согласования и возврата

CCR computer-controlled retrieval - автоматизированный поиск

CCS	**c**ommon **c**hannel **s**ignalling - общая канальная сигнализация *(для сети с коммутацией каналов)*
CCS	**c**ommon **c**ommand **s**et - нормированный список команд
CCS	**c**ommon **c**ommunication **s**upport - общая коммуникационная поддержка
CCS	**c**omponent **c**ontrol **s**ystem - система контроля за компонентами *(авиалайнера)*
CCS	**c**ontinuous **c**omposite **s**ervo - непрерывное комбинированное слежение
CCSL	**c**ompatible **c**urrent **s**inking **l**ogic - совместимые логические схемы с переключателями тока
CCU	**c**ommunication **c**ontrol **u**nit - блок управления передачей (данных)
CCW	**c**hannel **c**ommand **w**ord - управляющее слово канала, УСК
CD	**c**alling **d**evice - вызывное устройство
CD	**c**arrier **d**etect - сигнал обнаружения несущей
CD	**c**hange **d**irectory - перейти в другой каталог (директорий)
CD	**c**lock **d**river - формирователь тактовых или синхронизирующих импульсов
CD	**c**ompact **d**isk - компакт-диск, КД
cd	**c**ar**d** - карта; перфокарта
cd	**c**o**d**e - код; система кодирования; (машинная) программа; (машинное) слово
C&D	**c**ontrol **and** **d**isplay symbol - символ управления и индикации
CDB	**c**ommon **d**ata **b**us - общая шина данных, общая информационная шина
CDC	**c**ode **d**irecting **c**haracter - знак маршрута сообщения

CDC common data channel - общий канал передачи данных

CD-DA compact disk - digital audio - звуковой компакт-диск, цифровой аудиокомпакт-диск

CDDI copper distributed data interface - распределенный интерфейс передачи данных по медному кабелю

CD-DVI compact disk - digital video interactive - интерактивный компакт-диск с цифровой записью видеосигнала

CD-EROM compact disk erasable read-only memory - перезаписываемый (стираемый) компакт-диск, служащий в качестве перезаписываемого ПЗУ для компьютера

CDFM compact disk file manager - программа управления файлами компакт-диска

CDFS compact disk file system - файловая система на компакт-дисках

cdg coding - кодирование; программирование

CD+G compact disk + graphics - компакт-диск с графикой

CD-I compact disk interactive - компакт-диск интерактивный, КД-И

CDIP ceramic DIP - керамический корпус с двухрядным расположением выводов, керамический корпус (типа) DIP

CDL Computer Description Language - язык описания архитектуры компьютера на уровне межрегистровых пересылок

CDM code-division multiplex - мультиплексная передача с кодовым разделением (уплотнением) каналов

CDMA code-division multiple access - множественный доступ с разделением кодов

CDP communication data processor - процессор передачи данных

CDP compound document processor - комбинированный обработчик документов

CDPD cellular digital packet data - технология пакетной передачи данных по сотовой сети

CD-PROM compact disk-programmable read-only memory - компакт-диск - программируемое постоянное запоминающее устройство

CDPS communication data processing system - процессор передачи и обработки данных

CD-R compact disk-recordable - компакт-диск, допускающий дозапись порциями

CD-ROM compact disk-read only memory - неперезаписываемый компакт-диск (КД-ПЗУ)

CD-ROM XA compact disk-read only memory extended architecture - неперезаписываемый компакт-диск расширенной архитектуры

CD-RTOS compact disk-real-time operation system - операционная система компакт-дисков, работающая в реальном времени

CD-RW compact disk rewritable - компакт-диск с возможностью перезаписи

CDS color display system - цветная дисплейная система, система цветного изображения

CDS conceptual data store - концептуальный накопитель данных

CDT change data table - таблица изменений данных

CDTV Commodore dynamic total vision - динамическая видеосистема фирмы "Commodore"

CDTV compact disk television - телевизионный компакт-диск

CDU central display unit - центральный дисплей
CD-V compact disk video - видеокомпакт-диск
CD-WO compact disk write one - компакт-диск с однократной записью
CD-WORM compact disk write once read many - компакт-диск индивидуальной (разовой) записи и многократного считывания
CE communication electronics - электроника средств связи
CE cost of error - цена ошибки
CE customer engineering - эксплуатационное обслуживание
CED capacitance electronic disc - емкостной электронный диск
CEM contract electronic manufacturer - изготовитель электронной аппаратуры на заказ
CEO chief executive officer - главный руководитель (администратор), главный исполнительный директор
CEO comprehensive electronic office - полностью автоматизированное учреждение
CESD common external symbol dictionary - объединенный (сводный) словарь внешних символов
CF carry flag - флаг переноса
CF central file - центральный файл
CF context free - контекстно-независимый
CF control footing - служебная (управляющая) постинформация
CF count forward - счет в прямом направлении, счет на сложение
CFB cipher feedback - цифровая обратная связь
CFL context-free language - бесконтекстный (контекстно-свободный) язык

CG	categorical grammar - категориальная грамматика
CG	character generator - генератор знаков или символов
CGA	color graphics adapter - цветной графический адаптер
cge	carriage - каретка
CGG	computer generated graphics - изображения, формируемые с помощью компьютера
CGI	computer generated imagery - изображения, формируемые с помощью компьютера
CGI	computer graphics interface - интерфейс компьютерной графики
CGM	computer graphics metafile - метафайл машинной графики
CGP	central graphics processor - центральный графический процессор
CH	control heading - служебный (управляющий) заголовок
ch	chain - цепь; цепочка; последовательность
ch	channel - канал; канал связи, информационный канал; дорожка
ch	check - проверка, контроль, сличение; проверять, контролировать, сличать
chan	channel - канал; канал связи, информационный канал; дорожка
char	character - знак; символ; цифра; буква; литера; признак
CHCP	change code page - изменить кодовую страницу *(команда)*
CHDIR	change directory - изменить директорий *(команда)*
CHDL	computer hardware description language - язык описания архитектуры компьютера

chg	change - изменение, перемена; замена; изменять; заменять
CHI	computer human interface - человеко-машинный интерфейс
CHIL	current-hogging injection logic - инжекционные логические схемы с захватом тока
CHIP	character handling interface processor - процессор с посимвольной обработкой данных
CHIPS	clearing house interbank payment system - клиринговая межбанковская платежная система
chk	check - проверка, контроль, сличение; проверять, контролировать, сличать
CHKDSK	check disk - проверить диск *(команда)*
chkpt	checkpoint - контрольная точка
chks	checksum - контрольная сумма
CHL	current-hogging logic - (инжекционные) логические схемы с захватом тока
chnl	channel - канал; канал связи, информационный канал; дорожка
CI	card input - ввод с (перфо)карт
CI	chain index - индекс цепочки
CI	command interpreter - командный интерпретатор
CI	component interface - интерфейс компонентов
CI	computer interface - интерфейс ЭВМ
CICS	customer information control system - система управления информацией потребителей
CID	chain identifier - идентификатор сцепления *(цепочки)*
CID	charge injection device - прибор с инжекцией заряда
CIDR	classless inter-domain routing - бесклассовая междоменная маршрутизация

CIF	common intermediate format - единый промежуточный формат
CIF	customer information file - файл информации о заказчике
CIG	computer image generator - генератор компьютерных образов
CIL	channel index list - список канальных индексов
CIL	current injection logic - инжекционные логические схемы, инжекционная логика
CIM	computer-integrated manufacturing - комплексно автоматизированное производство
CIO	chief information officer - руководитель информационной службы компании
CIO	communication input/output - ввод-вывод по каналу связи
CIOCS	communications input/output control system - система управления каналами связи
CIOP	communication input/output processor - процессор ввода-вывода сообщений
CIO PC	controller input/output PC - контроллер ввода-вывода персонального компьютера
CIP	complex information processing - комплексная обработка информации
CIR	committed information rate - согласованная скорость передачи
CIR	current instruction register - регистр команды
cir	circuit - схема; цепь; контур
CIRC	cross-interleaved Reed-Solomon code - перекрестно-перемежающийся код Рида - Соломона; код Рида - Соломона с чередованием
CIS	communication interface system - система сопряжения со средствами связи
CISC	complex instruction set computer - компьютер с полной системой команд

CIT	communication and information technology - технология связи и передачи информации
CIT	computer-integrated telephony - компьютерная телефония
CIU	computer interface unit - интерфейс компьютера
CKA	central keying authority - центр распределения ключей, ЦРК
CL	cable link - кабельная шина
CL	compiler language - (входной) язык компилятора
CL	current loop - токовая петля
cl	clause - предложение; оператор
cl	clearance - очистка; гашение; установка в исходное состояние
cl	closed - замкнутый
C²L	closed-cell logic - логические схемы на транзисторах с кольцевой структурой
C³L	complementary constant current logic - комплементарные логические схемы с переключением сигналов постоянного тока
CLA	communication line adapter - адаптер линии связи
clar	clarification - распознавание; снятие омонимии
cld	called (line) - запрашиваемая линия
clg	calling (line) - запрашивающая линия
CLI	call-level interface - интерфейс уровня вызова
CLM	communication line multiplexing - мультиплексирование линий связи
CLNP	Connectionless Network Protocol - сетевой протокол (работы) без установления соединения, бесконтактный сетевой протокол
CLNS	connectionless-mode networking service - сетевой сервис без установления соединения

CLOS	common Lisp object system - общая объективная система языка ЛИСП
CLP	cell loss priority - приоритет потери элемента данных
clp	clamp - фиксирующая схема, фиксатор
clr	clear - очищать; гасить; устанавливать в исходное состояние
CLS	clear screen - "очистить экран" *(операция стирания всего изображения на экране дисплея)*
CLT	communication line terminal - терминал линии связи
CLT	computer language translator - транслятор на машинный язык
CLTS	connectionless transport service - транспортная служба без установления соединения
CLU	central logic unit - центральное устройство управления
CLU	command-line utilities - утилиты, работающие в режиме командной строки
CLUT	color look-up table - таблица выбора цвета; цветовая справочная таблица
CLV	constant linear velocity - постоянная линейная скорость
CM	command mode - командный режим
CM	communication module - модуль связи
CM	communication multiplexer - мультиплексор каналов связи
CM	computer module - модуль компьютера
CM	configuration management - конфигурационное управление, управление конфигурацией
CM	control mark - служебная метка
CM	core memory - память (запоминающее устройство) на (магнитных) сердечниках; оперативная память, оперативное запоминающее устройство

CMA Computer Music Association - Ассоциация компьютерной музыки

CMA conventional memory area - область стандартной памяти

CMC common mail call - набор стандартных вызовов электронной почты

CMC common messaging calls - общий вызов с использованием сообщения

CMC communication channel - канал связи

CMC computer mediated communication - связь с использованием компьютеров

cmct communicate - посылать сообщения; организовывать связь

CMD core memory driver - драйвер оперативной памяти *(оперативного запоминающего устройства)*

CMI computer-managed instruction - автоматизированное обучение

CMIP Common Management Information Protocol - общий протокол управляющей информации

CMIS common management information service - служба общего информационного управления

CMIT common management information transmission - передача общей управляющей информации

CML current mode logic - логические схемы с переключателями тока

CMN community multimedia network - коммуникационная мультимедийная сеть

CMOS complementary metal-oxide-semiconductor - комплементарная структура "металл - оксид - полупроводник"; комплементарная МОП-структура, КМОП-структура

CMOU certified Microsoft Office user - сертифицированный пользователь Microsoft Office

cmp	**comp**are - сравнивать, сличать
cmp	**comp**utational - вычислительный
cmpl	**compl**ement - дополнение; дополнительный код (числа); обратный код (числа)
cmplx	**compl**e**x** - комплекс
cmpt(r)	**comp**u**t**e**r** - компьютер, вычислительная машина, ЭВМ; вычислительное устройство; вычислитель
CMS	**c**all **m**anagement **s**ystem - система управления вызовами
CMS	**c**olor **m**anagement **s**ystem - система управления цветом
CMS	**c**onnection **m**anagement **s**ystem - система управления соединениями
CMS	**c**onversational **m**onitor **s**ystem - диалоговая мониторная система
CMS	**c**onversational **m**onitor **s**ubsystem - подсистема диалоговой обработки
CMT	**c**assette **m**agnetic **t**ape - кассета с магнитной лентой
CMTS	**c**onnection-**m**ode **t**ransport **s**ervice - транспортная служба с установлением соединения
CMW	**c**ompartment **m**ode **w**orkstation - рабочая станция в автономном режиме
CMYK model	CMYK-модель - палитра в компьютерной графике, спектр цветов которой формируется из четырех основных цветов: бирюзового (**C**yan), пурпурного (**M**agenta), желтого (**Y**ellow) и черного (**K**ey - обозначается так, чтобы не путать Black (черный) с Blue (голубой))
CN	**c**omputer **n**etwork - вычислительная сеть
CN	**c**ontrol **n**umber - контрольное число

CNA certified NetWare administrator - сертифицированный администратор сетей NetWare компании "Novell"

CNC computer numerical control - числовое программное управление, ЧПУ

CNCL common network command language - общесетевой командный язык

cnct connect - соединять; присоединять; включать; подключать

cnd condition - условие; состояние; ситуация

CNE certified NetWare engineer - сертифицированный инженер по сетям NetWare компании "Novell"

CNF conjunctive normal form - конъюнктивная нормальная форма, КНФ

CNI certified NetWare instructor - сертифицированный (аттестованный) инструктор по NetWare

CNI common network interface - общий (универсальный) сетевой интерфейс

CNLP Connectionless Network Layer Protocol - протокол сетевого уровня, не ориентированный на установление соединения; протокол типа "маршрутизатор - маршрутизатор"

CNM cache-nonmovable - неперемещаемый подпул кэширования

CNM customer network management - управление абонентской сетью

CNS computerized numerical system - автоматизированная система числового программного управления, АСЧПУ

cnsl console - пульт (управления); пульт оператора; консоль

cnt count - счет; подсчет; считать, подсчитывать; единица счета

cnt	counter - пересчетное устройство; пересчетная схема; счетчик; регистр	
co	changeover - переключение	
coax	coaxial - коаксиальная линия, коаксиал, коаксиальный; соосный	

COBOL Common Business-Oriented Language - КОБОЛ *(язык программирования для экономических задач)*

COCR cylinder overflow control record - управляющая запись переполнения цилиндра

CODASYL Conference on Data Systems Languages - *(постоянно действующая)* конференция по языкам обработки данных, КОДАСИЛ

codec coder/decoder - кодер-декодер, кодек

codec compressor-decompressor - сжатие/расширение *(данных)*

coef(f) coefficient - коэффициент

COI connection-oriented interconnection - взаимосвязь, ориентированная на установление соединения

COL computer-oriented language - машинно-ориентированный язык

col column - колонка, столбец; графа

coll collateral - совместный

coll collect - собирать

coll collection - сбор; гнездо; совокупность

coll collector - коллектор; сборщик

coln column - колонка, столбец; графа

COM common object model - общая объектная модель

COM component object model - компонентная объектная модель; объектная модель программных компонентов

COM computer output microfilm - машинный микрофильм

COM computer output microfilmer - выходное микрофильмирующее устройство вычислительной машины

com comma - запятая

com commercial - для коммерческих или экономических задач; серийный; доступный для приобретения

com communication - коммуникация; связь; сообщение; передача

com commutator - коммутатор, переключатель

COM1 communication 1 - коммуникационный порт 1

comb. combination - комбинация; объединение; сочетание; соединение

comm communication - коммуникация; связь; сообщение; передача

comm commutator - коммутатор, переключатель

comm mux communications multiplexer - коммуникационный мультиплексор

COMP compare - сравнить файлы *(команда)*

comp comparison - сравнение, сличение

comp compilation - компиляция, компилирование

comp component - компонент, составная часть; элемент; компонента, составляющая; гармоника; деталь; комплектующее изделие

comp composition - состав; составление, формирование; композиция

comp compound - состав; соединение; составной, сложный; сложное слово; составной оператор

comp computation - вычисление; расчет; счет; подсчет; выкладка

compar comparison - сравнение, сличение

compil	**compil**ation	- компиляция, компилирование
comptr	**comptr**ometer	- комптометр; арифмометр
con	**con**centration	- концентрация
con	**con**nection	- соединение; связь; присоединение; включение; подключение; схема; соединительная деталь
con	**con**sole	- пульт (управления); пульт оператора; консоль
con	**con**stant	- константа, постоянная (величина); постоянный; неизменный
concl	**concl**usion	- (умо)заключение, вывод
cond	**cond**ition	- условие; состояние; ситуация
config	**config**uration	- конфигурация, форма; состав оборудования
conj	**conj**ugation	- сопряжение
conj	**conj**unction	- конъюнкция, логическое умножение
conn	**conn**ection	- соединение; связь; присоединение; включение; подключение; схема; соединительная деталь
conn	**conn**ector	- соединитель; соединительное звено; (логический) блок объединения; соединительный знак; (штепсельный) разъем
CONS	**C**onnection **O**riented **N**etwork **S**ervice	- сетевой протокол с установлением соединения, контактный сетевой протокол
cons	**cons**ecutive	- последовательный
cons	**cons**equence	- следствие
cons	**cons**truction	- конструкция; структура
const	**const**ant	- константа, постоянная (величина); постоянный; неизменный
cont	**cont**act	- контакт
cont	**cont**ents	- содержимое

cont	**cont**inuous - непрерывный; сплошной; длительный
cont	**cont**rol - управлять; регулировать; контроль; устройство (орган) управления; управляющее воздействие
cont	**cont**roller - контроллер; устройство управления, управляющее устройство; регулятор; управляющий электрод
conv	**conv**ergence - конвергенция, сходимость
COPAC	**c**hip **o**ff-line **p**re-**a**uthorized **c**ard - микропроцессорные авторизованные карты автономного электронного платежа
COPP	**C**onnection-**O**riented **P**resentation **P**rotocol - протокол (связи) с установлением соединения, уровня представления
COQ	**c**ost **o**f **q**uality - затраты на обеспечение качества
COR	**c**onnection-**o**riented **r**outing - маршрутизация, ориентированная на установление соединений
CORBA	**c**ommon **o**bject **r**equest **b**roker **a**rchitecture - архитектура посредника объектных запросов
corr	**corr**ection - исправление, корректирование; поправка, коррекция
correl	**correl**ation - корреляция, соотношение; соотнесение
COS	**c**lass **o**f **s**ervice - класс обслуживания
COS	**c**ompound **d**ocument **s**ervice - служба составных документов
COS	**c**oncurrent **o**perating **s**ystem - операционная система параллельного действия
COSE	**c**ommon **o**pen **s**oftware **e**nvironment - общая открытая программная среда
COSMOS	**c**omplementary **s**ymmetry **MOS** - комплементарная симметричная МОП-структура

COSP Connection-Oriented Session Protocol - протокол (связи) с установлением соединения, сеансового уровня

COSS common object services specification - спецификация на общие средства объектного сервиса; обобщенная спецификация объектных служб

COTP Connection-Oriented Transport Protocol - транспортный протокол, ориентированный на соединение

CP central processor - центральный процессор, ЦПУ

CP clock pulse - тактовый импульс; синхронизирующий импульс

CP command processor - командный процессор

CP communications processor - процессор передачи данных

CP control panel - панель управления

CP control point - контрольная точка

CP control program - управляющая программа

CP current point - текущая точка

CP current pointer - указатель текущей позиции

CP current position - текущая позиция

cp computer - компьютер, вычислительная машина, ЭВМ; вычислительное устройство

CPB channel program block - блок канальной программы

CPC card-programmed calculator - вычислительная машина с программой на (перфо)картах; перфокартное вычислительное устройство

CPC card-programmed computer - вычислительное устройство с перфокартным управлением

CPC ceramic-wafer printed circuit - печатная плата на керамике

CPC	computer process control - автоматизированное управление технологическим процессом
CPC	cyclic permuted code - циклический (рефлексный) перестановочный код
CPD	Clarion professional developer - профессиональный разработчик Клариона
CPE	central processing element - центральный обрабатывающий элемент
CPE	customer premises equipment - оборудование, устанавливаемое в помещениях пользователя
cpi	characters per inch - (число) символов на дюйм *(определяет размер для шрифтов с фиксированным расстоянием)*
CPI-C	common programming interface for communications - общий программный интерфейс для коммуникаций
CPL	combined programming language - комбинированный язык программирования
CPL	current privilege level - текущий уровень привилегий; действующий уровень полномочий
cpld	coupled - связанный; спаренный
cplg	coupling - связь; соединение; связывание, увязка
cplr	coupler - соединительное устройство
CPM	command processor module - модуль обработки команд
CPM	critical path method - метод критического пути
cpm	cards per minute - (число) карт в минуту *(единица скорости считывания, записи или передачи информации)*
CPN	colored Petri net - раскрашенная сеть Петри
CPO	concurrent peripheral operation - параллельное взаимодействие с внешними устройствами

CP-R	control program for real-time - управляющая программа реального времени
CPRN	cellular packet radio network - сотовая пакетная радиосеть
cps	characters per second - (число) знаков в секунду *(единица измерения быстродействия печатающего устройства)*
cps	cycle per second - период в секунду, герц, Гц
CPT	chief programmer team - бригада главного программиста
CPT	critical path technique - метод критического пути
CPT	customer provided terminal - терминал пользователя
CPU	card punching unit - блок пробивки перфокарт; карточный перфоратор, устройство пробивки перфокарт
CPU	central processing (processor) unit - центральный процессор, ЦП
сру	copy - экземпляр; копия; оттиск, отпечаток; печатный документ
CR	call request - вызов, запрос
CR	card reader - устройство (для) считывания с (перфо)карт, устройство ввода с (перфо)карт
CR	carriage return - обратный ход каретки, возврат каретки
CR	cell relay - сотовый ретранслятор
CR	command register - регистр команд
CR	control register - регистр управления, управляющий регистр
CR	control relay - реле управления, командное реле
CR	count reverse - счет в обратном направлении, счет на вычитание; счет в противоположном направлении

CRAM card random access memory - память (запоминающее устройство) с произвольной выборкой карт

CRC cyclic redundancy check - контроль с использованием циклического избыточного кода

CRD capacitor-resistor-diode (network) - конденсаторно-резисторно-диодная схема

CRDTL complementary resistor-diode-transistor logic - комплементарные резисторно-диодно-транзисторные логические схемы

Crisp complexity-reduced instruction-set processor - процессор с набором команд уменьшенной сложности

CRJE conversational remote job entry - диалоговый дистанционный ввод заданий

CROM control read-only memory - управляющая постоянная память, управляющее постоянное запоминающее устройство, управляющее ПЗУ

CRP Cambridge Ring Protocol - протокол сети "Кембриджское кольцо"

CRT cathode-ray tube - электронно-лучевая трубка, ЭЛТ

crt circuit - схема; цепь; контур

CRU customer replaceable unit - блок, заменяемый пользователем

crypto cryptograph - шифратор

crypto cryptography - криптография

CS card station - перфокартное устройство

CS carrier sense - контроль носителя

CS channel status - состояние канала

CS code segment - регистр сегмента команд

CS communication system - система связи; сеть связи

CS	controlled switch - управляемый переключатель
CS	control signal - управляющий сигнал, сигнал управления
CS	cumulative sum - накопленная сумма
CSA	client/server architecture - архитектура клиент-сервер
CSA	common system area - общая системна область *(защиты)*
CSC	centralized security controller - контроль безопасности сети с централизованным управлением
CSCW	computer supported cooperative work - совместная работа на базе компьютера *(многопользовательский сценарий для работы в синхронном режиме с документами мультимедиа)*
CSD	configuration status descriptor - дескриптор состояния конфигурации
CSDN	circuit switched data network - сеть передачи данных с коммутацией каналов
CSE	circuit switch exchange - центр коммутации каналов
CSE	control and switching equipment - аппаратура управления и коммуникации
CSE	core storage element - элемент запоминающего устройства на (магнитных) сердечниках
CSECT	control section - программная секция *(в ассемблере)*
CSF	Computing Suppliers Federation - Федерация поставщиков компьютеров
CSG	calling subscriber identification - кадр идентификации вызывающего абонента
CSG	computer system group - группа компьютерных систем

CSG constructive solid geometry - конструктивная блочная геометрия

CSI called subscriber identification - кадр идентификации вызываемого абонента

CSI channel status indicator - указатель состояния канала

CSI Computer Security Institute - Институт защиты компьютерной информации *(США)*

CSIC customer-specified integrated circuit - интегральная схема, специализированная в соответствии с требованиями заказчика

CSL computer-sensitive language - машинозависимый язык

CSL control and simulation language - язык управления и моделирования

CSL current-sinking logic - логические схемы с переключателями тока

CSM central service module - центральный обслуживающий модуль

CSMA carrier-sense multiple access - множественный доступ с опросом несущей, метод доступа с опросом состояния канала, множественный доступ с контролем носителя, МДКН

CSMA/CA carrier-sense multiple access with collision avoidance - метод множественного доступа с контролем носителя и избежанием конфликтов, МДКН/ИК

CSMA/CD carrier-sense multiple access and collision detection - множественный доступ с опросом состояния канала и обнаружением конфликтов

CSP certified support partner - сертифицированный партнер по технической поддержке

CSP	certified systems professional	- сертифицированный специалист по системам
CSP	communicating sequential processes	- взаимодействующие последовательные процессы
CSP	Compucom Speed Protocol	- скоростной протокол Компьюкома
CSRS	continuous-speech recognition system	- система распознавания слитной речи
CST	code segment table	- таблица кодовых сегментов
CSU	channel service unit	- блок (модуль) обслуживания канала
CSW	channel status word	- слово состояния канала
CT	conformance testing	- проверка согласованности
ct	circuit	- схема; цепь; контур
ct	count	- счет; подсчет; отсчет; считать; подсчитывать; отсчитывать; единица счета
ct	counter	- пересчетное устройство; пересчетная схема; счетчик; регистр
CTC	conditional transfer of control	- условная передача управления; условный переход; команда условной передачи управления; команда условного перехода
ctc	contact	- контакт
CTCA	channel-to-channel adapter	- адаптер "канал - канал"
CTI	computational test-bed for industry	- промышленный вычислительный испытательный стенд
CTI	computer telephony integration	- компьютерная телефонная интеграция
CTL	complementary transistor logic	- комплементарные транзисторные логические схемы, логические схемы на комплементарных транзисторах, комплементарная транзисторная логика

CTL core-transistor logic - феррит-транзисторные логические схемы

CTM communication terminal module - оконечный модуль связи

CTμL complementary transistor micrologic - комплементарные транзисторные логические микросхемы, логические микросхемы на комплементарных транзисторах

ctN counter with N-stages - N-каскадный счетчик

CTO chief technical officer - главный технический директор

CTR core-transistor register - феррит-транзисторный регистр, регистр на феррит-транзисторных ячейках

ctr counter - пересчетное устройство; пересчетная схема; счетчик; регистр

CTRL complementary transistor-resistor logic - комплементарные транзисторно-резисторные логические схемы, логические схемы на комплементарных транзисторах и резисторах, комплементарная резисторно-транзисторная логика

ctrl control - управление; регулирование; управлять; регулировать; контроль; устройство (орган) управления; управляющее воздействие

CTS clear to send - разрешение на передачу

CTS communication terminal synchronous - синхронный коммуникационный терминал

CTS-WAN conformance test service for wide area network - служба проверки согласованности для крупномасштабных сетей

CTU central terminal unit - центральное устройство управления терминалами

CTV	cable television - кабельное телевидение
CTY	console teletype - консольный (пультовый) телетайп
CU	control unit - устройство управления; блок управления
CU	cryptographic unit - блок засекречивания данных
CUA	common user access - общий пользовательский доступ
CUB	cursor backward - курсор назад
CUD	cursor down - курсор вниз
CUF	cursor forward - курсор вперед
CUG	closed user group - замкнутая группа пользователей
CUI	character user interface - символьный интерфейс пользователя
cum	cumulative - кумулятивный, накопленный; интегральный
CUP	cursor position - позиция курсора
cur(r)	current - (электрический) ток; поток
CUT	computer utilization terminal - монитор использования компьютера
CUU	cursor up - курсор вверх
CV	common version - распространенная версия
CV	computer vision - машинное зрение
CV	continuous variable - непрерывная переменная
cv	converter - конвертер, преобразователь
CVA	Computer Virus Association - Ассоциация по борьбе с компьютерными вирусами
CVD	compact videodisk - компактный видеодиск
CVF	compressed volume file - файл сжатого тома
CVI	compressed video interoperability - взаимодействие при работе с уплотненными видеоданными

CVS	**c**omputer **v**ision **s**ystem - система машинного зрения
CVT	**c**oncatenation **v**ector **t**able - таблица векторов связи
CVU	**c**onstant-**v**oltage **u**nit - блок постоянного напряжения
CVU	**c**ost **v**ersus **u**se - цена в сравнении с использованием
CW	**c**ontinuous **w**aves - непрерывные колебания; незатухающие колебания
cw	**c**lock**w**ise - по часовой стрелке
CX	**c**entral e**x**change - центральный узел коммутации
CY	**c**ase **c**opy - копия, выполненная (сразу) по получении запроса
cy	**cy**cle - цикл; период
cyl	**cyl**inder - цилиндр

D

D	**d**egree	степень; порядок; градус
D	**d**elete	вычеркивать; стирать, удалять, ликвидировать, уничтожать
D	**d**ensity	плотность; концентрация; интенсивность
D	**d**evelopment	разработка; развитие; усовершенствование; развертывание; разложение (в ряд); вывод формулы
D	**d**ifferential	дифференциал; дифференциальный; перепад; разность
D	**d**igit	цифра; разряд
D	**d**igital	цифровой; дискретный
D	**d**imension	размер; величина; объем; измерение; размерность
D	**d**iode	диод
D	**d**isplay	дисплей
D	**d**iversification	вклад *(фирмы в соответствующую отрасль информатики)*
D	**d**rum	барабан; магнитный барабан
3D	**three-d**imensional	трехмерный
DA	**d**ata **a**vailable	доступные данные; имеющиеся данные
DA	**d**ecimal **a**ddition	десятичное сложение, сложение в десятичной системе (счисления)
DA	**d**efine **a**rea	область определения
DA	**d**estination **a**ddress	адрес назначения
DA	**d**isplay **a**dapter	дисплейный адаптер
da	**d**igital-(to-)**a**nalog	цифроаналоговый
DAA	**d**ata **a**ccess **a**rrangement	механизм доступа к данным

DAB data acquisition board - плата сбора данных
DAC data acquisition and control - сбор данных и управление
DAC data authentication code - код аутентификации данных
DAC design augmented by computer - автоматизированное проектирование
DAC digital-analog-conversion - цифроаналоговое преобразование
DAC digital arithmetic center - вычислительный центр
DAC digital-to-analog converter - цифроаналоговый преобразователь, ЦАП
DAC discretionary access control - избирательное (дискретное) управление доступом
DAC dual attachment concentrator - концентратор с двойным подключением к магистральной сети
DACD data acquisition and distribution - сбор и распределение данных
DAD digital audio disk - цифровой аудиодиск
DAE data access equipment - аппаратура доступа к данным
DAL data access language - язык обращения к данным
DAL data analysis language - язык анализа данных
DAM data access manager - администратор обращения к данным
DAM data access method - метод доступа к данным
DAM data addressed memory - ассоциативная память, ассоциативное запоминающее устройство
DAM direct access method - метод прямого доступа, доступ по методу DAM

DAMA **d**emand-**a**ssignment **m**ultiple **a**ccess - множественный доступ с предоставлением канала по требованию

DAMPS **d**ata **a**cquisition **m**ulti**p**rogramming **s**ystem - мультипрограммная система сбора данных

DAP **d**eveloper **a**ssistance **p**rogram - программа помощи разработчикам

DAP **D**irectory **A**ccess **P**rotocol - протокол доступа к справочнику

DAP **d**istributed **a**rray **p**rocessor - распределенный матричный процессор

DAR **d**amage **a**ssessment **r**outine - программа анализа неисправностей

DARPA **D**efense **A**dvanced **R**esearch **P**roject **A**gency - Управление перспективных исследований и разработок *(Министерства обороны США)*

DART **d**iagnostic **a**ssistance **r**eference **t**ool - экспертная диагностическая система поиска неисправностей по эталону

DAS **d**ata **a**cquisition **s**oftware - программное обеспечение для сбора данных

DAS **d**ata **a**cquisition **s**ystem - система сбора данных

DAS **d**atabase **a**pplication **s**imulation - эмулятор базы данных

DAS **d**istributed **a**pplication **s**ervices - сервисные средства поддержки распределенных приложений

DAS **d**ual **a**ttachment **s**tation - станция с двойным подключением к магистральному кольцу или концентратору

DASD **d**irect **a**ccess **s**torage **d**evice - запоминающее устройство с прямым доступом, ЗУПД

DAT **d**ata **a**ccess **t**ools - инструментальные средства доступа к данным

DAT digital audio tape - магнитная лента цифровой звукозаписи

DATAP data transmission and processing - передача и обработка данных

DATS data transmission system - система передачи данных

DAU data acquisition unit - устройство сбора данных

DAU data adapter unit - адаптер данных

DAV data above voice - "данные над голосом" *(система передачи цифровых данных на частотах, выше выделенных для речевых сигналов)*

DB database - база данных, БД

DB digital block - цифровой блок

DBA database administrator - администратор базы данных, АБД

DBC database computer - компьютер базы данных

DBCL database control language - язык управления базой данных

DBCS double-byte character set - набор двухбайтовых символов

DBCU data bus control unit - блок управления шиной данных

DBL database load - загрузка базы данных

dbl double - двойное количество; удваивать(ся); увеличивать(ся) вдвое; умножать на два; двойной, удвоенный, сдвоенный, парный

DBMS database management system - система управления базой данных, СУБД

DBP database processor - процессор базы данных

DBR dial-up bridge/router - мост/маршрутизатор

DBS database server - сервер базы данных

DBS debug service - сервисные средства отладки

DBS digital banking system - цифровая банковская система

DBTG	database task group - рабочая группа по базам данных, РГБД
DC	data channel - канал связи, информационный канал; канал (передачи) данных
DC	data collection - сбор данных
DC	data communication - передача данных
DC	decimal classification - десятичная классификация
DC	deposited carbon - осажденная угольная пленка
DC	device context - контекст устройства
DC	device control - символ управления устройством
DC	digital comparator - цифровой компаратор
DC	digital computer - цифровая вычислительная машина
DC	direct control - прямое управление
DC	direct current - постоянный ток
DC	direct-current - работающий на постоянном токе; потенциального типа
DC	display console - дисплейный пульт; пульт управления индикационным табло
DCA	data communications adapter - адаптер передачи данных
DCB	data carrier detect - обнаружен информационный сигнал
DCB	data control block - блок управления данными
DCB	device control block - блок управления устройством
DCB	directory cache buffer - кэш-буфер каталогов; буфер кэширования каталогов
DCB	disk controller board - плата контроллера диска
DCB	disk coprocessor board - плата сопроцессора диска

DCB **d**omain **c**ontrol data**b**ase - управляющая база данных домена

DCC **d**ata **c**ommunication(s) **c**hannel - канал передачи данных

DCC **d**ata **c**ountry **c**ode - код страны передачи данных

DCC **d**igital **c**ellular **c**ommunications - цифровая сотовая радиосвязь

DCC **d**igital **c**ompact **c**assette - цифровая компакт-кассета

DCD **d**ata **c**arrier **d**etect - "обнаружен информационный сигнал"

DCE **d**ata **c**ircuit-terminating **e**quipment - оконечное оборудование канала передачи данных

DCE **d**ata **c**ommunications **e**quipment - аппаратура передачи данных

DCE **d**ata **c**onversions **e**quipment - оборудование (для) преобразования данных

DCE **d**istributed **c**omputing **e**nvironment - среда распределенных вычислений

DCFL **d**irect-**c**oupled **f**ield-effect transistor **l**ogic - логические схемы на канальных (униполярных, полевых) транзисторах с непосредственными связями

DCI **d**ata **c**ommunication **i**nterface - интерфейс канала передачи данных

DCL **d**ata **c**ontrol **l**anguage - язык управления данными

DCL **d**esigner **c**hoice **l**ogic - логические схемы (с межсоединениями) по выбору проектировщика, заказные логические схемы

DCL **d**irect-**c**oupled **l**ogic - логические схемы с непосредственными связями

dcmt **d**o**cm**en**t** - документ, документальный источник

DCN distributed computer network - распределенная компьютерная сеть

DCP data communications processor - процессор передачи данных

DCP differential computing potentiometer - дифференциальный решающий потенциометр

DCP display control panel - панель управления дисплеем

DCP display control program - программа управления дисплеем

DCP distributed communications processor - процессор распределенной системы передачи данных

DCR data conversion receiver - приемник с преобразованием данных

DCS data communication system - система передачи данных

DCS distributed computer system - распределенная вычислительная система

DCS distributed control system - распределенная система управления

DCSA digital cryptographic security agent - цифровое криптографическое средство защиты

DCT data communication terminal - терминал передачи данных

DCT discrete cosine transform - дискретное косинусоидальное преобразование

DCTL direct-coupled transistor logic - транзисторные логические схемы с непосредственными связями, ТЛНС-схемы

DCU data communication unit - блок передачи данных

DCU data control unit - блок управления данными

DCU decade (decimal) counting unit - блок десятичного счетчика

DCU device configuration utility - утилита конфигурации устройства

DCU digital counting unit - цифровое счетное устройство

DCUTL direct-coupled unipolar transistor logic - логические схемы на канальных (униполярных, полевых) транзисторах с непосредственными связями

DCV digital coding of voice - цифровое кодирование речи

DD data demand - информационные потребности; запрос данных

DD data directory - словарь (базы) данных

DD decimal divide - десятичное деление

DD digital data - цифровые данные

DD digital display - цифровой дисплей; цифровой индикатор

DD double-density (disk) - диск для записи с двойной плотностью

DDA digital differential analyzer - цифровой дифференциальный анализатор, ЦДА

DDAS digital data acquisition system - система сбора цифровой информации

DDB device dependent bitmap - аппаратно-зависимая битовая карта

DDB distributed database - распределенная база данных, РБД

DDBMS distributed database management system - система управления распределенными базами данных

DDC data distribution center - центр распределения данных

DDC digital data converter - преобразователь цифровых данных

DDC direct digital control - прямое цифровое управление, ПЦУ

DDCB DOS device control block - блок управления устройством DOS

DDCMP Digital Data Communication Message Protocol - цифровой протокол передачи данных

DDCS distributed data communication server - сервер связи с распределенными данными

DDD direct distance dialing - автоматический вызов удаленного абонента

DDD double-density disk - диск с двойной плотностью записи

DD/D data dictionary/directory - словарь (базы) данных

DDE direct data entry - прямой ввод данных

DDE dynamic data exchange - динамический обмен данными

DDFD double-density floppy disk - гибкий магнитный диск с двойной плотностью записи

DDI display driver interface - интерфейс драйвера дисплея

DDL data definition language - язык определения данных, ЯОД

DDL data description language - язык описания данных, ЯОД

DDM distributed data manager - система управления распределенными данными

DDMA disk direct memory access - прямой доступ к памяти на дисках

DDMF dynamically dispatchable member functions - динамически вызываемые функции-элементы

DDN digital data network - цифровая сеть передачи данных

DDN defense data network - сеть передачи данных Министерства обороны США

ddname data definition name - имя описания данных, имя определения данных

DDP digital data processor - процессор для обработки цифровых данных

DDP distributed data processing - распределенная обработка данных

DDR dynamic device reconfiguration - динамическая реконфигурация устройств

DDS data-phone digital service - цифровая служба передачи данных и речи

DDT dialog debug technique - диалоговый отладчик

DDT digital data transmitter - устройство передачи цифровых данных

DDT dynamic debugging tool - динамическое средство отладки, ДСО

DDVT dynamic dispatch virtual table - виртуальная таблица динамической диспетчеризации

DEA data encryption algorithm - алгоритм засекречивания (шифрования) данных

DEB data extension block - блок расширения данных

DEB desktop expansion base - настольное устройство расширения

dec decimal - десятичное число; десятичная дробь; десятичный

dec decision - решение; принятие решения; выбор

DECB data event control block - блок управления событием данных

decit decimal digit - десятичная цифра; десятичный разряд; десятичный знак

decn decision - решение; принятие решения; выбор

decr decrement - декремент; отрицательное приращение

DECT digital European cordless telecommunication - европейский стандарт цифровой беспроводной связи

DECUS Digital Equipment Computer Users Society - Общество пользователей компьютеров фирмы "DEC"

DED data entry design - экранные формы пользователя

DED double-error detection - с обнаружением двойных ошибок

ded deduction - вычитание; дедукция, вывод, (умо)заключение; вычитаемое

DEE data encryption equipment - средства шифрования данных

deg degree - степень; порядок; градус

DEL delete - символ стирания, символ отмены

DEL direct electronic library - электронная библиотека прямого доступа

DEL direct execution language - язык прямого исполнения

del delay - задержка, запаздывание; отсрочка; выдержка времени

dem demodulator - демодулятор

DEMARC distributed enterprise management architecture - архитектура распределенного управления сетью масштаба предприятия

DEMS digital electronic message services - электронная служба передачи цифровых сообщений

DEN document enabled networking - сетевая среда, поддерживающая работу с документами

deque double-ended queue - очередь с двусторонним доступом

deriv	**deriv**ation - дифференцирование, операция взятия производной; вывод; деривация, отклонение
deriv	**deriv**ative - производная, производный
DES	**d**ata **e**ncryption **s**tandard - стандарт шифрования данных
DES	**d**ata **e**ntry **s**ystem - система ввода данных
DES	**d**ata **e**xchange **s**ystem - система обмена данными
DES	**d**igital **e**ncryption **s**tandard - стандарт цифрового шифрования
descr	**descr**iption - описание; характеристика; дескрипция
DET	**d**irectory **e**ntry **t**able - таблица записей каталога
det	**det**erminant - детерминант, определитель
dev	**dev**elopment - разработка; развитие; усовершенствование; развертывание; разложение (в ряд); вывод формулы
dev	**dev**iation - отклонение, девиация
dev	**dev**ice - устройство; прибор; приспособление; механизм; аппарат
DEVT	**d**ata **e**ntry **v**irtual **t**erminal - виртуальный терминал ввода данных
DF	**d**escribing **f**unction - характеристическая функция
DF	**d**irect **f**low - поток в прямом направлении
DF	**d**irection **f**lag - флаг направления
DFA	**d**eterministic **f**inite-state **a**utomaton - детерминированный конечный автомат, ДКА
DFC	**d**ata **f**low **c**omputer - компьютер с потоковой архитектурой
DFC	**d**ata **f**low **c**ontrol - управление потоком данных
DFC	**d**isk **f**ile **c**ontroller - контроллер файлов на магнитных дисках

DFD	**d**ata **f**low **d**iagram - схема потоков данных
DFG	**d**iode **f**unction **g**enerator - диодный функциональный преобразователь
DFI	**d**igital **f**acility **i**nterface - интерфейс цифрового оборудования
DFL	**d**isplay **f**ormatting **l**anguage - язык форматирования изображений
DFS	**d**irect **f**ile **s**ystem - система прямого доступа к файлам
DFS	**d**istributed **f**ile **s**ervices - распределенные файловые службы
DFT	**d**iagnostic **f**unction **t**est - диагностический функциональный тест
DFT	**d**iscrete **F**ourier **t**ransform - дискретное преобразование Фурье, ДПФ
DFT	**d**isk **f**ault (**f**ailure) **t**olerance - средства поддержки отказоустойчивости диска
DG	**d**atagram - дейтаграмма
DGIS	**d**irect **g**raphics **i**nterface **s**tandard - стандарт непосредственного графического интерфейса
DHCP	**D**ynamic **H**ost **C**onfiguration **P**rotocol - протокол динамического выбора конфигурации головной машины; протокол динамического выбора конфигурации хост-машины
DI	**d**estination **i**ndex - регистр-индекс приемника
DI	**d**igital **i**nput - ввод цифровых данных; цифровые входные данные
DIA	**d**igital **i**nput **a**dapter - адаптер цифрового ввода
DIA	**d**irect **i**nterface **a**dapter - интерфейсный адаптер прямого подключения
DIA	**d**ocument **i**nterchange **a**rchitecture - архитектура обмена документами
DIB	**d**evice **i**ndependent **b**itmap (format) - формат представления битовой карты, не зависящей от устройства

DIB directory information base - информационная база справочника

DIC digital integrated circuit - цифровая интегральная схема

DID data identifier - идентификатор данных

DID direct inward dialing - прямой внутренний набор; прямой набор внутренних номеров

DIDL digital integrated data library - цифровая интегрированная библиотека данных

DIF data interchange format - формат обмена данными

DIF digital interface frame - формат цифрового стыка

dif differential file - файл различий; файл изменений

diff difference - разность; приращение

dig comp digital computer - цифровая вычислительная машина, ЦВМ

DIIC dielectrically isolated integrated circuit - интегральная схема с диэлектрической изоляцией

DIL dual-in-line - с двухрядным расположением выводов

dim dimension - размер; величина; объём; измерение; размерность

DIMM dual in-line memory module - модуль памяти с двухсторонними печатными выводами

DIMS data input management system - система управления вводом данных

DINA distributed information processing network architecture - архитектура распределённой сети обработки информации

DIO direct input/output - прямой ввод - вывод

dio diode - диод

DIP	**d**istributed **i**nformation **p**rocessing - распределенная обработка информации
DIP	**d**ocument **i**mage **p**rocessing - обработка изображения документа
DIP	**d**ual-**i**n-line **p**ackage - двухрядный корпус, корпус с двухрядным расположением выводов, корпус (типа) DIP
DIR	**dir**ectory - каталог, директорий
DIRAC	**dir**ect **ac**cess - прямой доступ; непосредственный доступ
DIS	**d**iagnostic **i**nformation **s**ystem - диагностическая информационная система
DIS	**d**igital **i**dentification **s**ignal - цифровой сигнал идентификации
DISA	**D**efense **I**nformation **S**ystem **A**gency - Управление систем оборонной информации *(США)*
disc.	**disc**onnect - разъединять; размыкать; отключать
disj	**disj**unction - дизъюнкция; логическое сложение; разъединение, размыкание
DISNET	**D**efense **i**ntegrated **s**ecure **net**work - интегральная сеть засекреченной связи Министерства обороны *(США)*
distr	**distr**ibution - распределение; распространение
DIT	**d**irectory **i**nformation **t**ree - информационное дерево справочника
DIU	**d**igital **i**nterworking **u**nit - цифровое устройство для обеспечения межсетевого взаимодействия
DIV	**d**ata **i**n **v**oice - "данные в голосе" *(система передачи цифровых данных на частотах, выделенных для речевых сигналов)*
div	**div**idend - делимое
div	**div**isor - делитель

DIVA data input voice answerback - система ввода данных речевым автоответчиком

DIVOT digital-to-voice translator - преобразователь цифрового кода в речь

DL data link - канал передачи данных

DL delay line - линия задержки

DL diode logic - диодная логика; диодные логические схемы

DL dynamic load - динамическая нагрузка; динамическая загрузка

DLC data link control - управление линией передачи данных

DLCP Data Link Control Protocol - протокол управления линией передачи данных

DLE data link escape - переключение кода

DLI digital line interface - стык с цифровой линией

DLL dynamic linking library - динамическая подключаемая библиотека

DLP data link processor - процессор передачи данных, ППД

DLT digital linear tape - магнитная лента с цифровой линейной записью

dl(y) delay - задержка, запаздывание; отсрочка; выдержка времени

DM data management - управление данными

DM data mode - режим передачи данных

DM decimal multiply - десятичное умножение

DM disconnect mode - режим разъединения

DMA direct memory access - прямой доступ к памяти, ПДП

DMA direct memory address - прямой адрес памяти

DMAC direct memory access channel - канал прямого доступа к памяти

DMAC **d**irect **m**emory **a**ccess **c**ontroller - контроллер прямого доступа к памяти

DMC **d**igital **m**icro**c**ircuit - цифровая микросхема

DMC **d**irect **m**ultiplexed **c**ontrol - прямое управление с мультиплексированием

DME **d**irect **m**emory **e**xecution - непосредственное исполнение из памяти

DME **d**istributed **m**anagement **e**nvironment - распределенная среда управления

DMF **d**ata **m**igration **f**acility - средство передачи данных

DMI **d**esktop **m**anagement **i**nterface - интерфейс управления настольными системами

DMI **d**igital **m**ultiplexed **i**nterface - цифровой мультиплексный интерфейс

DML **d**ata **m**anipulation **l**anguage - язык манипулирования данными, ЯМД

DMM **d**igital **m**ultimeter - цифровой мультиметр

DMM **d**ynamic **m**emory **m**anagement - управление динамической памятью

DMNOS **d**ouble-**d**iffused **MNOS** - структура металл - нитрид - оксид - полупроводник с двойной диффузией, МНОП-структура с двойной диффузией

DMOST **d**ouble-**d**iffusion **m**etal **o**xide **s**emiconductor **t**echnology - технология изготовления МОП-структур с двойной диффузией, ДМОП-технология

DMQ **d**irect **m**emory **q**ueue - очередь к устройствам прямого доступа

DMR **d**istributed **m**essage **r**outer - программа распределенной маршрутизации

DMS **d**ata **m**anagement **s**oftware - программы управления данными

DMS	**d**ata **m**anagement **s**ystem - система управления данными
DMS	**d**isplay **m**anagement **s**ystem - система управления отображением данных
DMS	**d**istributed **m**aintenance **s**ervices - службы распределенного обслуживания
DMS	**d**ynamic **m**apping **s**ystem - система динамического отображения; система динамического распределения
dmux	**d**e**mu**lti**p**le**x**er - демультиплексор
DN	**d**istinguished **n**ame - имя получателя
DNA	**d**igital **n**etwork **a**rchitecture - цифровая сетевая архитектура *(фирмы "Digital Equipment Corporation")*
DNC	**d**irect **n**umerical **c**ontrol - прямое цифровое управление, ПЦУ
DNF	**d**isjunctive **n**ormal **f**orm - дизъюнктивная нормальная форма
DNIC	**d**ata **n**etwork **i**dentification **c**ode - код идентификации сети передачи данных
DNS	**d**omain **n**ame **s**ystem - сервер имен доменов; система именования доменов
DNT	**d**evice **n**ame **t**able - таблица имен устройств
DO	**d**igital **o**utput - выход цифровых данных; цифровые выходные данные
DOA	**d**igital **o**utput **a**dapter - выходной цифровой адаптер
DOC	**d**ata **o**f **c**hange - дата изменения
DOC	**d**ecimal-to-**o**ctal **c**onversion - преобразование из десятичной формы в восьмеричную
doc	**doc**ument - документ, документальный источник
doc	**doc**umentation - документация; документалистика; выпуск технической документации; документирование

DOD **d**igital **o**ptical **d**isk - цифровой оптический диск

DO/IT **d**igital **o**utput/**i**nput **t**ranslator - преобразователь выходных цифровых данных для (нового) ввода

DOPE **d**atabank **o**f **p**rogram **e**valuation - банк данных по оценкам программного обеспечения

DOR **d**igital **o**ptical **r**ecording - цифровая оптическая запись

DOS **D**enial **o**f **s**ervice - отказ в предоставлении услуг *(DOS Tracker - программный пакет - трассировщик хакерских атак на web-узлы компаний)*

DOS **d**isk **o**perating **s**ystem - дисковая операционная система, ДОС

DOS/VS **d**isk **o**perating **s**ystem/**v**irtual **s**torage - дисковая операционная система, реализующая виртуальную память

DOT **do**main-**ti**p - на плоских магнитных доменах

DOV **d**ata **o**ver **v**oice - "данные над речью" *(технология одновременной передачи данных и речи по скрученной паре проводов)*

DP **d**ata **p**rocessing - обработка данных

DP **d**ata **p**rocessor - процессор для обработки данных

DP **d**iscretionary **p**rotection - избирательная защита

DP **d**raft **p**roposal - предварительная публикация

DP **d**riving **p**ower - мощность возбуждения, мощность задающего сигнала

DP **d**ynamic **p**rogramming - динамическое программирование

DPC **d**ata **p**rocessing **c**enter - центр обработки данных

DPCM **d**ifferential **p**ulse-**c**ode **m**odulation - дифференциальная импульсно-кодовая модуляция

DPCX distributed processing control executive - программа управления распределенной обработкой

DPE data processing equipment - оборудование (для) обработки данных

dper data processing equipment manufacturer - фирма-изготовитель оборудования для обработки данных

dpi dots per inch - (число) точек на дюйм (единица измерения графического разрешения)

DPL descriptor privilege level - уровень полномочий диспетчера

DPM data processing manager - программа управления обработкой данных

DPM documents per minute - (число) документов в минуту *(характеристика быстродействия считывающих устройств)*

DPM dual processor mode - режим двухпроцессорной обработки

DPMA Data Processing Management Association - Ассоциация руководителей систем обработки данных

DPMI DOS protected mode interface - ДОС-интерфейс для защищенного режима

DPMS DOS protected mode services - услуги, предоставляемые программам в защищенном режиме DOS

DPP Demand Priority Protocol - протокол приоритетов запросов

DPR data processing rate - скорость обработки данных

DPS data processing standard - стандарт на обработку данных

DPS data processing system - система обработки данных

DPS **d**istributed **p**rocessing **s**ystem - распределенная система обработки

DQDB **d**istributed **q**ueue **d**ouble **b**us - распределенная двойная шина с очередью

DQM **D**ynamic **Q**ueue **M**anager - программа динамического управления очередями

DQS **d**istributed **q**ueueing **s**ervice - распределенная система обслуживания очередей

DR **d**ata **r**ate - скорость передачи данных

DR **d**ata **r**egister - регистр данных

DR **d**ebug **r**egister - регистр отладки

DR **d**ifferential **r**elay - дифференциальное реле

DR **d**igital **r**eadout - цифровой индикатор *(тактовой частоты)*

DR **d**istant **r**eading - дистанционное считывание

dr **dr**ive - привод; передача; движитель, движущий механизм; запуск, возбуждение

dr **dr**um - барабан, цилиндр; магнитный барабан

DRAM **d**ynamic **r**andom **a**ccess **m**emory - динамическая оперативная память

DRAW **d**irect **r**ead **a**fter **w**rite - считывание непосредственно после записи

DRD **d**ata **r**ecording **d**evice - устройство записи данных

DRDA **d**istributed **r**elational **d**atabase **a**rchitecture - архитектура распределенных реляционных баз данных

DR DOS **D**igital **R**esearch **d**isk **o**perating **s**ystem - дисковая операционная система, разработанная фирмой "Digital Research"

DRO **d**estructive **r**eadout - считывание с разрушением (информации)

DS **d**ata **s**egment - регистр сегмента данных

DS **d**ata **s**et - набор данных

DS	**d**efine **s**ymbol - определяющий символ
DS	**d**evice **s**elector - селектор устройства
DS	**d**ial **s**ystem - система с наборным устройством
DS	**d**igital **s**ystem - дискретная система
DS	**d**istributed **s**ystem - распределенная система
DS	**d**ouble-sided disk - двухсторонняя дискета
DS	**d**ual **s**can - с двойным сканированием
DS	**d**ynamic **s**cattering - динамическое рассеивание
DS	**d**ynamic **s**witching - динамическое переключение
D/S	**d**ata **s**et - набор данных
DSA	**d**igital **s**ignature **a**lgorithm - алгоритм цифровой подписи
DSA	**d**irectory **s**ynchronization **a**gent - агент синхронизации каталогов
DSA	**d**irectory **s**ystem **a**gent - системный агент каталога
DSA	**d**ynamic **s**calable **a**rchitecture - динамическая расширяемая архитектура
DSAE	**d**irectory **s**ystem **a**gent **e**ntity - объект системного агента сетевого справочника
DSB	**d**igital **s**torage **b**uffer - буферная память, буферное запоминающее устройство, БЗУ
DSCB	**d**ata **s**et **c**ontrol **b**lock - блок управления набором данных
DSD	**d**ata **s**tructure **d**efinition - область структур данных
DSD	**d**evice **s**tatus **d**escriptor - дескриптор состояния устройства
DSD	**d**ouble-sided **d**isk - двусторонний диск (дискета)
DSDL	**d**ata **s**torage **d**escription **l**anguage - язык описания (способа) хранения данных, ЯОХД

DSE **d**ata **s**torage **e**quipment - оборудование для хранения данных
DSE **d**ata **s**witching **e**xchange - устройство коммутации данных
DSECT **d**ummy **sect**ion - фиктивная акция
DSG **d**istributed **s**ystems **g**ateway - межсетевой преобразователь (шлюз) распределенных систем
DSIM **d**ata **s**et **i**nformation **m**ap - информационная карта набора данных
DSKY **d**isplay and **k**e**y**board - дисплей с клавиатурой
DSL **d**igital **s**imulation **l**anguage - язык цифрового моделирования
DSL **d**igital **s**ubscriber **l**ine - цифровая пользовательская магистраль, цифровая абонентская линия
DSM **d**isk **s**torage **m**odule - модуль дисковой памяти
DSMS **d**elivery **s**ervice **m**anagement **s**ystem - система управления службой доставки
DSN **d**igital **s**witching **n**etwork - цифровая коммуникационная сеть
DSN **d**istributed **s**ystem **n**etwork - распределенная сеть системы
DSNA **d**istributed **s**ystems **n**etwork **a**rchitecture - сетевая архитектура распределенных систем
DSO **d**ata **s**ecurity **o**fficer - офицер (лицо), отвечающее за безопасность обработки данных
DSP **d**evice **s**top - останов (отключение) устройства
DSP **d**igital **s**ignal **p**rocessor - процессор цифровой обработки сигналов
DSP **d**iscretionary **s**ecurity **p**rotection - избирательная защита секретности
DSP **d**istributed **s**ystem **p**rogram - программа распределенной системы
DSPS **d**igital **s**ignal **p**rocessing **s**ystem - система цифровой обработки сигналов

DSR **d**ata **s**canning and **r**outing - сканирование и маршрутизация данных

DSR **d**ata **s**et **r**eady - "источник данных готов" *(сигнал)*

DSR **d**evice **s**tatus **r**eport - отчет о состоянии устройства

DSR **d**ocument **s**earch and **r**etrieval - поиск и извлечение документов

DSS **d**ata **s**et **s**ecurity - защита набора данных

DSS **d**ata **s**ystem **s**pecification - спецификация системы обработки данных

DSS **d**igital **s**ignature **s**tandard - стандарт цифровой подписи

DSS **d**igital **s**peech **s**ignal - речевой сигнал в цифровой форме

DSS **d**igital **s**ub**s**ystem - цифровая подсистема

DSS **d**igital **s**witching **s**ystem - цифровая система коммутации

DSS **d**isplay **s**ub**s**ystem - система отображения

DSSA **d**istributed **s**ystem **s**ecurity **a**rchitecture - архитектура безопасности распределенных систем

DSSD **d**ouble-**s**ided **s**ingle-**d**ensity - двусторонний с одинарной плотностью записи

DST **d**ay **s**aving **t**ime - летнее время

DST **d**evice **s**tart - запуск устройства

DSTAT **d**evice **stat**us - состояние устройства

DSU **d**ata **s**ervice **u**nit - сервисный блок данных

DSU **d**ata **s**ynchronisation **u**nit - блок синхронизации данных

DSU **d**igital **s**ervice **u**nit - модуль цифрового обслуживания

DSU **d**igital **s**torage **u**nit - цифровое запоминающее устройство

DSU **d**isk **s**torage **u**nit - накопитель на дисках
DSVD **d**igital **s**imultaneous **v**oice and **d**ata - цифровой стандарт одновременной передачи речи и данных
DSVT **d**igital **s**ubscriber **v**oice **t**erminal - цифровой абонентский речевой терминал
DSW **d**evice **s**tatus **w**ord - слово состояния устройства
DSW **d**igital **s**tudio **w**orkstation - студийная рабочая станция
DT **d**ata **t**rack - дорожка данных
DT **d**ata **t**ransceiver - приемопередатчик данных
DT **d**ata **t**ransfer - передача данных
DT **d**ata **t**ransmission - передача данных
DT **d**evice **t**ype - тип устройства
DT **d**ifference **t**hreshold - порог различимости
DT **d**igital **t**echnique - цифровой метод; цифровая техника
DTA **d**ata **t**ransfer **a**ddress - адрес буфера дисковых операций
DTAS **d**ata **t**ransmission **a**nd **s**witching - передача и коммутация данных
DTC **d**ata **t**ransfer **c**hannel - канал передачи данных
DTC **d**esktop **c**omputer - настольный компьютер
DTC **d**igital **t**ransmit **c**ommand - цифровая команда передачи
DT computer **d**esktop **computer** - настольный компьютер
DTCS **d**ata **t**ransmission and **c**ontrol **s**ystem - система передачи данных и управления ими
DTE **d**ata **t**erminal **equi**pment - терминал, терминальное оборудование; оконечное оборудование данных, ООД
DTE **d**ata **t**est **equi**pment - оборудование для проверки систем передачи и обработки данных

DTE	**d**ata **t**ransmission **e**quipment - оборудование для передачи данных
DTF	**d**ata **t**ransmission **f**eature - характеристика системы передачи данных
DTI	**d**ata **t**ransmission **i**nterface - интерфейс передачи данных
DTI	**d**igital **t**runk **i**nterface - интерфейс цифрового магистрального канала
DTL	**d**ata **t**ransmission **l**ine - линия передачи данных
DTL	**d**iode-**t**ransistor **l**ogic - диодно-транзисторные логические схемы, ДТЛ-схемы; диодно-транзисторная логика, ДТЛ
DTMF	**d**ual **t**one **m**ulti-**f**requency - тональный набор
DTMF	**d**ual **t**one **m**ultiple **f**requency - сигнализация на двух группах частот
DTN	**d**ata **t**ransmission **n**etwork - сеть передачи данных
DTO	**d**ata **t**ransfer **o**peration - операция по передаче данных
DTP	**d**ata **t**ape **p**unch - ленточный перфоратор
DTP	**d**ata **t**ransfer **p**ath - путь (канал) передачи данных
DTP	**d**esktop **p**ublishing - настольная издательская система, НИС
DTP	**d**istributed **t**ransaction **p**rocessing - распределенная обработка транзакций
DTPL	**d**omain **t**ip **p**ropagation **l**ogic - логические элементы, работа которых основана на распространении верхушек доменов
DTR	**d**ata **t**erminal **r**eader - устройство ввода данных цифрового терминала
DTR	**d**ata **t**erminal **r**eady - "терминал готов" *(сигнал управления, посылаемый от терминала к модему)*
DTR	**d**ata **t**ransfer (transmission) **r**ate - скорость передачи данных

DTR	**d**esktop **r**eproduction - настольное репродуцирование
DTR	**d**igital **t**ape **r**ecorder - цифровое устройство записи на магнитную ленту
DTS	**d**ata **t**ransmission (transfer) **s**ystem - система передачи данных
DTT	**d**ata **t**ransmission **t**ime - время передачи данных
DTTU	**d**ata **t**ransmission **t**erminal **u**nit - терминальный блок передачи данных
DTU	**d**ata **t**ransfer **u**nit - блок передачи данных
DTU	**d**ata **t**ransformation **u**nit - блок преобразования данных
DTVS	**d**esktop **v**ideo **s**tudio - настольная видеостудия
DUA	**d**irectory **u**ser **a**gent - агент пользователя сетевого справочника
DUAL	**d**ynamic **u**niversal **a**ssembly **l**anguage - динамический универсальный язык ассемблера
dum	**dum**my - макет; фиктивный, ложный; холостой
DUP	**d**isk **u**tility **p**rogram - программа обслуживания диска
dup	**dup**licate - дубликат; копия; дублировать; снимать копию, копировать; удваивать, увеличивать вдвое
DUT	**d**evice **u**nder **t**est - проверяемое устройство
DUV	**d**ata **u**nder **v**oice - "данные под голосом" *(передача цифровых данных на частотах, ниже выделенных для речевых сигналов)*
DVA	**d**istance **v**ector **a**lgorithm - дистанционный векторный алгоритм
DVA	**d**istant **v**ector **a**pproach - дистанционный векторный метод
DVD	**d**igital **v**ideo **d**isk - цифровой видеодиск
DVI	**d**igital **v**ideo **i**nteractive - интерактивное цифровое видео *(стандарт)*

DVM digital voltmeter - цифровой вольтметр

DVMRP Distance Vector Multicast Routing Protocol - протокол дистанционной векторной групповой многоадресной маршрутизации

DVOM digital volt-ohmmeter - цифровой вольтомметр

DVR digital video recorder - цифровая видеозапись

DVST direct-viewing storage tube - запоминающая трубка с возможностью непосредственного наблюдения

DVX digital voice exchange - цифровой коммутатор речевых сигналов

DW data warehouse - информационное хранилище

DW data word - слово данных

DWA double-word access - доступ к словам двойной длинны

dwg drawing - чертеж, рисунок; извлечение, выборка

DWI descriptor word index - дескрипторный словарь; указатель дескрипторов

DWIM "do what I mean" - "делай то, что я имею в виду" *(принцип работы интеллектуального программного обеспечения)*

DWL data word length - длинна слова данных

DWORD double word - двойное слово

DWP daisy wheel printer - лепестковое печатающее устройство

DWP dataway processor - процессор информационного канала

dx duplex - дуплекс; дуплексный, двусторонний

DXS data exchange system - система обмена данными

DXS directory exchange server - сервер обмена каталогами

DYANET **dy**namic **a**ssignment **net**work - сеть с динамическим распределением каналом

DYCMOS **dy**namic **c**omplementary **MOS** - динамическая комплементарная МОП-структура, динамическая КМОП-структура

DYSTAL **dy**namic **st**orage **al**location **l**anguage - язык динамического распределения памяти

DZTL **d**iode **Z**ener **t**ransistor **l**ogic - диодно-транзисторные логические схемы (ДТЛ-схемы) с диодами Зенера, диодно-транзисторная логика с диодами Зенера

111

E

E earth - заземление, "земля"
E efficiency - эффективность; коэффициент полезного действия
E estimate - оценка
e emitter - эмиттер; источник; генератор
e error - ошибка, погрешность
EA effective address - исполнительный адрес
EA electrically alterable - электрически перепрограммируемый
EAB extended attributes block - блок дополнительных атрибутов
EACC error-adaptive control computer - устойчивый к ошибкам управляющий компьютер
EAM electrical accounting machine - электрическая бухгалтерская машина; электрическая фактурная машина; электрический табулятор
EAM electronic accounting machine - электронная счетно-аналитическая машина; электронная счетная машина; электронный табулятор
EAN European article number - европейский товарный номер
EARN European Academic Research Network - Европейская академическая исследовательская сеть
EAROM electrically alterable read-only memory - электрически перепрограммируемая постоянная память, электрически перепрограммируемое постоянное запоминающее устройство, ЭППЗУ
EASE embedded advanced sampling environment - встроенная усовершенствованная среда опроса

EAX electronic automatic exchange - автоматический электронный коммутатор

EBAM electronic beam addressable memory - память (запоминающее устройство) с адресацией электронным лучом

EBCDIC extended binary-coded decimal interchange code - расширенный двоично-десятичный код (для) обмена (информацией)

EBCS electronic business communication system - система передачи деловой информации

EBNF extended Backus-Naur form - расширенная форма Бэкуса - Наура, расширенная БНФ

EBR electron beam recording - запись электронным лучом

EBU European Broadcasting Union - Европейский радиовещательный союз

EC electronic conference - электронная конференция

EC error checking - поиск ошибок, проверка на наличие ошибок

EC error control - контроль ошибок

EC error correction - исправление ошибки

ECB electronic code book - электронный шифроблокнот

ECB event control block - блок управления событием

ECC error checking and control - обнаружение и исправление ошибок

ECC error checking capability - возможность контроля ошибок

ECC error correction code - код исправления ошибки

ECC experimental computer complex - экспериментальный вычислительный комплекс

ECCSL emitter-coupled current steered logic - токовые логические схемы с эмиттерными связями, токовые ЭСЛ-схемы

ECD edit/compile/debug - редактирование/компиляция/отладка

ECHT European Conference on HyperText - Европейская конференция по гипертексту

ECL emitter-coupled logic - логические схемы с эмиттерными связями, ЭСЛ-схемы; эмиттерно-связанная логика, ЭСЛ

ECL executive control language - язык управления вычислительным процессом; язык супервизора

E²CL emitter-emitter coupled logic - логические схемы с эмиттерно-эмиттерными связями

ECM error correcting mode - режим исправления ошибок

ECMA European Computer Manufacturers' Association - Европейская ассоциация производителей компьютеров

ECNE enterprise certified NetWare engineer - сертифицированный инженер по эксплуатации NetWare в сети масштаба предприятия

ECNE enterprise certified Novell engineer - сертифицированный инженер компании "Novell" в сети масштаба предприятия

ECP enhanced capability port - порт с расширенными возможностями

ECP error correcting program - программа исправления ошибок

ECR electronic conference - электронная конференц-связь

ECR exchange control record - управляющая запись обмена

ECSA European Communication Security Agency - Европейское агентство по обеспечению секретности и безопасности связи

ECSA Exchange Carriers Standards Association - Ассоциация по стандартизации средств связи
ECSW extended channel status word - расширенное слово состояния канала
ECTL emitter-coupled transistor logic - транзисторные логические схемы с эмиттерными связями
ED electroluminiscent display - электролюминисцентный дисплей
ED error detection - обнаружение ошибок
ED external device - внешнее устройство
ED extra-high density - сверхвысокая плотность
ed editor - редактор, программа редактирования, редактирующая программа
EDA electronic digital analyzer - электронный цифровой анализатор
EDAC error detection and correction - обнаружение и исправление ошибок
EDAPS electronic data processing system - электронная система обработки данных
EDB evolvable data base - расширяемая база данных
EDB external data base - внешняя база данных
EDBMS engineering database management system - система управления базами данных САПР
EDC electronic digital computer - электронная цифровая вычислительная машина, ЭЦВМ
EDC error detection code - код обнаружения ошибки
EDC error detection and correction - обнаружение и исправление ошибок
EDCW external device control word - управляющее слово внешнего устройства
EDD electronic document delivery - электронная доставка документов
EDI electronic data interchange - электронный обмен данными, ЭОД

EDIFACT electronic data interchange for administration, commerce and transport - электронный обмен данными для служб администрации, коммерции и транспорта, ЭДИФАКТ

EDITS engineering document image transmission system - система передачи изображений технических документов

EDL event definition language - язык описания событий

EDMS electronic document management system - система управления электронными документами

EDMS extended data management system - расширенная система управления данными

EDOD erasable digital optical disc - стираемый цифровой оптический диск

EDO DRAM extended data-out DRAM - динамическое ОЗУ с расширенными возможностями вывода

EDP electronic data processing - электронная обработка данных

EDP electronic data processor - процессор электронной обработки данных

EDPC electronic data processing center - центр электронной обработки данных

EDS electronic data system - электронная информационная система

EDS electronic data switching - электронная коммутация данных

EDS exchangeable disk storage - запоминающее устройство (накопитель) со сменными дисками

EDSAC electronic delay storage automatic calculator - автоматический вычислитель на электронных линиях задержки, ЭДСАК

EDT electronic data transfer (transmission) - электронная передача данных

edt editor - редактор, программа редактирования, редактирующая программа

EDU electronic display unit - электронный дисплей; электронное устройство отображения данных

EDVAC Electronic Discrete Variable Automatic Calculator - автоматический электронный вычислитель дискретных величин, ЭДВАК

EE external environment - внешняя среда, внешнее окружение; условия эксплуатации; внешнее оборудование

EEC Electronic Equipment Committee - Комитет по электронной аппаратуре

EECL emitter-emitter coupled logic - логические схемы с эмиттерно-эмиттерными связями

EEI external environment interface - интерфейс внешней среды

EEMA European Electronic Mail Association - Европейская ассоциация электронной почты

EEMS enhanced expanded memory specification - усовершенствованная спецификация расширенной памяти

EEPROM electrically erasable programmable read-only memory - электрически стираемая программируемая постоянная память, электрически стираемое программируемое постоянное запоминающее устройство, электрически стираемое ППЗУ, ЭСППЗУ

EES explainable expert system - объясняющая экспертная система

EF emitter follower - эмиттерный повторитель

EFD ending-frame delimiter - конечный ограничитель кадра

EFDA European Federation of Data Processing Association - Европейская федерация ассоциаций по обработке данных
EFL emitter-follower logic - логические схемы на эмиттерных повторителях, ЭПЛ-схемы
EFL emitter function logic - эмиттерная функциональная логика
EFL error frequency limit - максимальная допустимая частота однобитовых ошибок
EFM eight-to-fourteen modulation - преобразование 8-разрядного кода в 14-разрядный
EFT electronic funds transfer - электронный перевод денег, электронные платежи
EFT error-free transmission - свободная от ошибок передача данных
EGA Eurographics Association - Ассоциация европейских графиков
EGA enhanced graphic adapter - усовершенствованный (улучшенный) графический адаптер *(с повышенной разрешающей способностью)*
EIA Electronic Industries Association - Ассоциация электронной промышленности *(США)*
EIAJ Electronic Industries Association of Japan - Японская ассоциация электронной промышленности
EIDS electronic information delivery system - система обработки электронной информации
EIES electronic information exchange system - электронная система обмена информацией
EIN electronic ID number - электронный идентифицирующий номер
EIP extended instruction pointer - расширенный указатель команд

EIS	electronic information system - электронная информационная система	
EIS	executive information system - управленческая информационная система	
EISA	extended industry standard architecture - расширенный промышленный стандарт архитектуры	
EIT	electronic information technology - электронная информационная технология	
EJ	electronic journal - электронный журнал	
el	electroluminescence - электролюминесценция	
el	element - элемент	
ELAN	enhanced local area network - локальная сеть с улучшенными характеристиками	
ELCN	European laboratories communication network - европейская коммуникационная сеть *(фирмы IBM)*	
ELD	edge-lighted display - экран с торцевой подсветкой	
ELDA	European Laser Disk Association - Европейская ассоциация лазерных дисков	
elem	element - элемент	
ELF	executable and linkable format - формат выполняемого и компонуемого модуля	
elim	eliminate - исключать	
ELP	enterprise licence park - лицензия предприятия	
ELS	entry level system - вводной уровень системы	
ELT	electronic typewriter - электронная пишущая машинка	
EM	electromagnetic - электромагнитный	
EM	electromechanical - электромеханический	
EM	electronic mail - электронная почта	
EM	electronic messaging - электронная передача сообщений	

EM end of medium - конец носителя
EM erasable memory - стираемая память
EM extension module - модуль расширения
EMA Electronic Mail Association - Ассоциация электронной почты
EMA Electronic Manufacturers Association - Ассоциация производителей электронного оборудования
EMA Electronic Messaging Association - Ассоциация электронной промышленности по передаче сообщений
E-mail electronic mail - электронная почта, ЭП
EMB extended memory block - блок расширенной памяти
EMC electromagnetic compatibility - электромагнитная совместимость
EMC expanded math coprocessor - расширенный математический сопроцессор
EMD extended memory block - блок расширения памяти, БРП
EMI electromagnetic interference - электромагнитные помехи (шумы, наводки)
EMM expanded memory manager - администратор отображаемой памяти
EMMI enhanced multimedia interface - усовершенствованный интерфейс мультимедиа
E-modem external modem - внешний модем
EMS electronic mail service - служба электронной почты
EMS electronic messaging service - служба электронных сообщений
EMS expanded memory specification - спецификация отображаемой (дополнительной) памяти

EMT	electron multiplier tube - электронный умножитель
EMUG	European MAP (manufacturing automation protocol) user group - Европейская группа пользователей протокола автоматизации производства (протокола МАР)
EN	end node - конечный узел
EN	European norm - Европейская норма
ENQ	enquiry - запросная система; запрос
ENS	enterprise network services - сервис сети предприятия
ent	entry - ввод; вход; вхождение; статья; пункт
enum	enumeration - перечисление; подсчет; перечень
env	envelope - огибающая; конверт
EO	electronic office - электронный офис
EOA	end of address - конец адреса
EOB	end of block - конец блока
EOC	end of conversion - конец преобразования
EOD	end of data - конец данных
EOF	end of file - конец файла
EOF	end of frame - конец кадра
EOI	end of interrupt - конец прерывания
EOJ	end of job - конец задания
EOL	end of life - конец срока службы
EOM	end of message - конец сообщения
EOP	end of output - конец вывода
EOP	end of program - конец программы
EOR	end of record - конец записи
EOR	end of reel - конец бобины
EOR	end of run - конец прогона
EOR	exclusive **OR** - исключающее ИЛИ
EOR-bit	end-of-record bit - бит конца записи
EOS	electrooptical system - электрооптическая система

EOT	end of tape - конец ленты
EOT	end of transmission - конец передачи
EOV	end of volume - конец тома
EP	editing program - программа-редактор
EP	electronic publishing - электронные издательские системы; издание электронными средствами
EP	end of program - конец программы
EP	entry point - точка входа
EP	evaluation program - программа оценки
EPBX	electronic private branch exchange - электронный коммутатор частной сети связи
E-peripherals	external peripherals - внешние периферийные устройства
EPIC	epitaxial passivated integrated circuit - эпитаксиальная пассивированная интегральная схема
EPL	effective privilege level - эффективный уровень привилегий
EPL	evaluated products list - список апробированной продукции
EPP	enhanced parallel port - расширенный параллельный порт
EPROM	erasable programmable read-only memory - стираемая программируемая постоянная память, стираемое программируемое постоянное запоминающее устройство, СППЗУ
EPS	Encapsulated PostScript - один из форматов векторного языка описания страниц PostScript, с которым работают многие печатающие и фотонаборные устройства с высоким разрешением
EPST	electronic packet-switched data transmission - электронная система передачи данных с коммутацией пакетов

EPU	**e**lectrical **p**ower **u**nit - блок электропитания
EQ	**eq**ual - равный
EQ	**eq**ualizer - стабилизирующее звено; уравнитель; компенсатор; корректирующая цепь
EQ	**eq**uation - уравнение; равенство
EQ	**equi**pment - оборудование; приборы; аппаратура; арматура
EQ	**eq**uivalent - эквивалент
eqp(mt)	**equipm**ent - оборудование; приборы; аппаратура; арматура
ERA	**era**se character - символ стирания, символ удаления
ERC	**E**uropean **R**esearch **C**ouncil - Европейский совет по научным исследованиям
ERCC	**er**ror **c**orre**c**tion - коррекция ошибок
ERD	**e**ntity-**r**elationship **d**iagram - диаграмма "сущность - связь"
erf	**er**ror **f**unction - функция ошибок; интеграл (вероятности) ошибок
erfc	**er**ror **f**unction **c**omplement - дополнение функции ошибок, дополнительная функция ошибок
EROM	**e**rasable **r**ead-**o**nly **m**emory - стираемая постоянная память, стираемое постоянное запоминающее устройство, стираемое ПЗУ
ERP	**e**rror **r**ecovery **p**rocedure - процедура восстановления после выявления ошибки
err	**err**or - ошибка, погрешность
ES	**e**lectromagnetic **s**torage - электромагнитное запоминающее устройство
ES	**e**lectronic **s**tandard - стандарт в области электроники
ES	**e**lectronic **s**witch - электронный переключатель; электронный ключ

ES	end system - оконечная система
ES	enterprise system - система предприятия
ES	expansion slot - разъем расширения
ES	expert system - экспертная система
ES	extra segment - регистр дополнительного сегмента
ESC	escape - потеря; переход
ESC/P	Epson standard code for printers - стандартный код для принтеров фирмы "Epson"
ESD	electronic software distribution - электронное распространение программного обеспечения
ESD	electrostatic discharge - электростатический разряд
ESD	external symbol dictionary - словарь внешних символов
ESDE	expert system development environment - служба обеспечения развития экспертной системы
ESDI	enhanced small device interface - улучшенный интерфейс для малых устройств
ESDI	extended storage device interface - интерфейс расширенного накопителя данных
ESDP	evolutionary system for data processing - развивающаяся система обработки данных
ESFI	epitax silicon film on isolant - структура, образованная эпитаксией кремния на изолирующей подложке
ES-IS	end system - intermediate system - оконечная система - промежуточная система
ESL	electronic software licensing - электронное лицензирование программного обеспечения
ESPRIT	European Strategic Program on Research in Information Technology - Европейская стратегическая программа по исследованиям в области информационной технологии

ESR event service routine - программа обработки события

ESS electronic switching system - электронная система коммутации

EST electrostatic storage tube - электростатическая запоминающая трубка

est estimate - оценка

ETB end of transmission block - конец передаваемого блока (данных)

ETL emitter transistor logic - транзисторные логические схемы с эмиттерными связями, транзисторная логика с эмиттерными связями, ТЛЭС

ETS electronic tandem switching - электронная последовательная коммутация

ETSI European Telecommunication Standards Institute - Европейский институт стандартов по телекоммуникациям

ETSO European Telecommunications Satellite Organization - Европейская организация спутниковой связи

ETSS entry time-sharing system - система ввода с разделением времени

ETSS experimental time-sharing system - экспериментальная система с разделением времени

ETT end-of-tape test - проверка признака конца ленты

ETX end of text - конец текста *(указатель)*

EUnet European Unix network - Европейская сеть пользователей операционной системы Unix

EUTELSAT European Telecommunications Satellite Organization - Европейская организация спутниковой связи

eval	**eval**uation - оценка; вычисление
EVE	**e**lectronic **v**ideo **e**xchange - электронный коммутатор видеосигналов
EVE	(data) **e**ntry and **v**alidation **e**quipment - оборудование ввода и проверки (данных)
EVR	**e**lectronic **v**ideo **r**ecording - электронная видеозапись
EVR	**e**lectronic **v**ideo **r**eproduction - электронное воспроизведение видеозаписи
EX	**ex**clusive OR - исключающее ИЛИ
ExCA	**ex**changeable **c**ard **a**rchitecture - расширяемая архитектура плат
EXCH, exch	**exch**ange - обмен; замена; обмениваться; (автоматический) коммутатор; (автоматическая) телефонная станция
excl	**excl**usion - исключение
excl	**excl**usive - исключающий
excl(am)	**excl**am**ation** - восклицательный знак
EXD	**ex**ternal **d**evice - внешнее устройство
EXE	**exe**cute - выполнять *(программу, команду)*
exec	**exec**ution - исполнение, выполнение
exp	**exp**ansion - расширение; разложение (в ряд); распространение
exp	**exp**onent - показатель; порядок
exp(r)	**exp**r**ession** - выражение
ext	**ext**ension - расширение; добавление
ext	**ext**ent - экстент; степень, мера
EXTRN	**ext**e**rn**al - external reference - внешняя ссылка
E/Z	**e**qual **z**ero - равно нулю

F	failure - отказ; повреждение; неисправность; сбой
F	false - ложь
F	feedback - обратная связь
F	field - поле; пространство; область; зона; группа разрядов
F	filter - фильтр
F	fixed - фиксированный, закрепленный, неподвижный; постоянный
F	flip-flop - триггер, триггерная схема
F	force - сила; усилие
F	frequency - частота
F	function - функция
FA	final address (register) - регистр конечного адреса
FA	full adder - (полный) сумматор, (одноразрядный) сумматор с тремя входами
FA	fully accessible - полностью доступный
FA	fully automatic - автоматический
FAB	file attribute bit - бит атрибута файла
FAC	file access channel - канал доступа к файлу
FAD	facility access device - устройство доступа к средствам передачи информации
FAM	file access manager - программа управления доступом к файлу
FAMOS	floating-gate avalanche-injection MOS - МОП-структура с лавинной инжекцией и плавающим затвором
FAN	factory area network - производственная сеть
FAQ	frequently asked questions - часто задаваемые вопросы

FAS	fast access storage - запоминающее устройство с малым временем выборки
FAS	file-and-application server - сервер файлов и приложений
FAST	The Federation Against Software Theft - Федерация по борьбе с кражами программного обеспечения
FAT	file allocation table - таблица размещения файлов
FAU	fax access unit - блок доступа к факсимильному аппарату
fax	facsimile - факсимиле; факсимильная связь
FBQE	free block queue element - элемент очереди свободных блоков
FC	face (font) change - смена типа шрифта
FC	fibre channel - волоконно-оптический канал
FC	file compare - сравнение файлов *(команда)*
FCA	French Computing Association - Французская ассоциация по вычислительной технике
FCB	file control block - блок управления файлами, БУФ
FCC	Federal Communications Commission - Федеральная комиссия по связи *(США)*
FCE	frame count error - ошибка подсчета числа информационных кадров
FCN	facsimile communication network - сеть факсимильной связи
FCP	file control processor - процессор управления файлами
FCS	facsimile communication system - факсимильная система передачи; система факсимильной связи
FCS	fast circuit switching - быстрая коммутация каналов

FCS	**f**iber **c**hannel **s**tandard - стандарт на волоконно-оптические каналы
FCS	**f**light **c**ontrol **s**ystem - система управления полетом
FCS	**f**rame **c**heck **s**equence - контрольная последовательность кадров
FCT	**f**ocus **c**ontrol **t**able - таблица управления кадрами *(изображения на дисплее)*
FCT	**f**unction **c**all **t**ree - дерево функциональных вызовов
FD	**f**ile **d**evice - файловое устройство
FD	**f**loppy **d**isk - гибкий магнитный диск
FD	**f**ull **d**uplex - режим полного дуплекса
FDA	**f**loppy **d**isk **a**nalyzer - анализатор гибкого диска
FDB	**f**ile **d**escription **b**lock - блок описания файла
FDC	**f**lexible **d**isk **c**artridge - накопитель на гибком диске
FDC	**f**lexible **d**isk **c**ontroller - контроллер гибкого диска
FDD	**f**ixed **d**isk **d**rive - запоминающее устройство с фиксированными головками
FDD	**f**loppy **d**isk **d**rive - дисковод для гибких магнитных дисков
FDDI	**f**iber **d**istributed **d**ata **i**nterface - распределенный интерфейс передачи данных по волоконно-оптическому кабелю
FDDI	**f**iber-optic **d**igital **d**evice **i**nterface - волоконно-оптический цифровой приборный интерфейс
FDHD	**f**loppy **d**rive **h**igh **d**ensity - накопитель на гибком магнитном диске с высокой плотностью
FDI	**f**loppy **d**isk **i**nterface - интерфейс гибких магнитных дисков
FDISK	**f**ormat **d**isk - форматировать диск *(команда)*

FDM

FDM factory default mode - заводская конфигурация

FDM frequency division modulation - частотная модуляция, ЧМ

FDM frequency division multiplex - мультиплексная передача с частотным разделением (уплотнением) каналов

FDMA frequency division multiple access - множественный доступ с частотным уплотнением, МДЧУ

FDMF first deliberable message first - "первым пришел, первым ушел" *(система обслуживания в сетях с очередями сообщений)*

FDOS floppy disk operating system - операционная система, работающая с гибкими магнитными дисками, ОСГМД

FDP fast digital processor - быстродействующий цифровой процессор

FDU flexible disk unit - накопитель на гибких магнитных дисках

FDX full duplex - полный дуплекс, дуплексный режим

FDX full-duplex - дуплексный

FE format effector - знак спецификации формата

FEC forward error correction - упреждающая коррекция ошибок

FECP front-end communication processor - буферный коммуникационный процессор

FED field-effect diode - полевой диод

FED field emission display - дисплей с автоэлектронной эмиссией

FEFO first ended, first out - первым готов - первым обслужен

FEM facsimile electronic mail - факсимильная электронная почта

FEM LC field-effect mode liquid crystal - жидкий кристалл с полевым эффектом

FEMT field-effect modified transistor - комбинация полевого транзистора и биполярного фототранзистора

FEP front-end processor - препроцессор; фронтальный (связной) процессор

FES focus error signal - сигнал расфокусировки

FET field-effect transistor - канальный (униполярный, полевой) транзистор

FF flip-flop - триггер, триггерная схема

FF form feed - подача бланка; прогон страницы

FFST first failure support technology - технология поддержки первого отказа

FFT fast Fourier transform - быстрое преобразование Фурье, БПФ

FHD fixed head disk - диск с фиксированными головками

FHSF fixed-head storage facility - запоминающее устройство с фиксированными головками

FI fan-in - коэффициент объединения по входу; нагрузочный множитель по входу; нагрузочная способность по входу

FI field intensity - напряженность поля

FI fixed interval - фиксированный интервал

FIB file identification block - блок определения файла

FIC fractal image compression - метод фрактального сжатия

FICS facsimile intelligent communication system - факсимильная интеллектуальная система передачи (на процессорах)

FIFO first-in, first-out - обратного магазинного типа; "первым пришел - первым обслужен"

FIFO	**fl**oating **i**nput, **fl**oating **o**utput - со входом и выходом в форме с плавающей запятой
FIGS	**fig**ures **s**hift - переключение на регистр цифр
FILO	**fi**rst-in, **l**ast-**o**ut - первым пришел - последним обслужен
FIP	**fl**uorescent **i**ndicator **p**anel - флуоресцентная индикаторная панель
FIPS	**f**ederal **i**nformation **p**rocessing **s**tandard - федеральный стандарт обработки информации
FIR	**fi**nite **i**mpulse **r**esponse - конечная импульсная характеристика, КИХ
FIRO	**fi**rst-in **r**andom **o**ut - "первый на входе, случайный на выходе" *(система обслуживания в сетях с очередями сообщений)*
FIS	**f**oundations of **i**nformation **s**cience - теоретические основы информатики
FITS	**f**unctional **i**nterpolating **t**ransformation **s**ystem - система трансформации изображений методом функциональной интерполяции
FLBIN	**fl**oating(-point) **bin**ary - двоичный с плавающей запятой
FLCD	**f**erroelectric **l**iquid **c**rystal **d**isplay - ферроэлектрический жидкокристаллический дисплей
fld	**f**ie**ld** - поле; пространство; область; зона; группа разрядов
FLDEC	**fl**oating(-point) **dec**imal - десятичный с плавающей запятой
fldl	**f**ield **l**ength - длина поля
FLF	**fl**ip-**f**lop - триггер, триггерная схема
flg	**fl**a**g** - флаг, флажок; признак
FLINT	**f**ormal **l**anguage of **int**eractive **t**alk - формальный язык интерактивного диалога
FLIP	**fl**oating-point **i**nterpretative **p**rogram - интерпретирующая программа для работы (в режиме) с плавающей запятой

FLOP **fl**oating **o**ctal **p**oint - плавающая восьмеричная запятая, плавающая запятая в восьмеричной системе (счисления)

FLOP **fl**oating-point **op**eration - операция с плавающей запятой

FLOPS **fl**oating-point **o**perations **p**er **s**econd - (количество) операций с плавающей запятой в секунду *(единица измерения скорости процессора)*

flp **fl**oating-**p**oint - с плавающей запятой

FLX **f**ile exchange utility - программа копирования файлов с преобразованием форматов

FM **f**eedback **m**echanism - механизм обратной связи

FM **f**ile **m**emory - файловое запоминающее устройство

FM **f**requency **m**odulation - частотная модуляция, ЧМ

F/M **f**ax/**m**odem - факс-модем

FMFSV **f**ull **m**otion **f**ull **s**creen **v**ideo - представление мультимедиа-изображений в полном экране дисплея

FMP **F**unction **M**anagement **P**rotocol - протокол управления функциями сети

FMS **f**lexible **m**anufacturing **s**ystem - гибкая производственная система, ГПС

fmt **f**or**m**a**t** - формат

FMV **f**ull-**m**otion **v**ideo - "в полном смысле движущееся изображение" *(компьютерный видеофильм кинематографического качества)*

FO **f**an-**o**ut - коэффициент разветвления по выходу; нагрузочный множитель по выходу; нагрузочная способность по выходу

FO **f**iber **o**ptics - волоконная оптика

FOC

FOC fibre optic cable - волоконно-оптический кабель, ВОК

FOCS fibre optic communication system - волоконно-оптическая система связи

FOCL fiber optic communication line - волоконно-оптическая линия связи, ВОЛС

FOD fax on demand - факс по запросу

FOIRL fiber optic inter-repeater link - волоконно-оптический канал между повторителями

FOLAN fiber optic local area network - локальная сеть с волоконно-оптическими линиями связи

Formula Forth music language - система программирования на основе языка Форт для программного управления музыкальными синтезаторами

FOS file organization system - система с файловой организацией

FOS file oriented system - файло-ориентированная система

FOTN fiber optic transmission network - волоконно-оптическая сеть передачи информации

FOTS fibre optic transmission system - волоконно-оптическая система связи, ВОСС

FP file protection - защита файлов

FP flat package - плоский корпус

FP floating point - плавающая точка

FP function processor - функциональный процессор

FPC facsimile personal computer - факсимильный персональный компьютер

FPD flat panel display - индикаторная панель

FPFR fast-packet frame-relay - скоростная пакетная передача с ретрансляцией кадров

FPGA field programmable gate array - программируемая пользователем вентильная матрица, вентильная матрица с эксплуатационным программированием

FPLA field programmable logic array - программируемая пользователем логическая матрица, логическая матрица с эксплуатационным программированием

FPM file-protect memory - память с защитой файлов

FPM floppy disk processor module - процессорный модуль с гибкими дисками

FPMH; fpmh failures per million hours - число отказов на миллион часов (работы)

FPROM field programmable read-only memory - программируемое пользователем ПЗУ, ПЗУ с эксплуатационным программированием

FPROM factory programmable read-only memory - программируемое изготовителем ПЗУ

fps frames per second - число кадров в секунду

FPU floating point unit - сопроцессор для чисел с плавающей запятой

FQDN fully qualified domain name - полностью уточненное имя домена

FQL function query language - функциональный язык запросов

FR frame relay - кадровая ретрансляция, пакетная коммутация

frac fraction - дробь; дробная часть; мантисса; доля

frac fractional - дробный

FRC functional redundancy checking - функциональный избыточный контроль

freq frequency - частота

FRL	frame representation language - язык фреймового представления
FRS	fast retrieval storage - быстродействующая память
FRX	frame relay exchange - технология ретрансляции фреймов
FS	de facto standard - стандарт де-факто
FS	file separator - разделитель файлов
FS	file server - файл-сервер
FSA	finite-state automaton - конечный автомат
FSB	function system block - функциональный системный блок
FSD	file system driver - драйвер файловой системы
FSD	flat screen display - дисплей с плоским экраном
FSF	free software foundation - фонд свободно распространяемого программного обеспечения
FSH	frame synchronization header - синхронизирующий заголовок в кадре
FSI	flexible scenario interface - гибкий сценарный интерфейс
FSIC	function-specific integrated circuit - функционально специализированная интегральная схема
FSK	frequency-shift keying - частотная манипуляция, Чмн
FSN	full service network - сеть с полным набором услуг
FSP	file service process - процесс обслуживания файлов
FSS	file search system - система поиска файлов
FSU	fiber optic subscriber unit - абонентский пункт волоконно-оптической линии
FSU	file storage unit - файловое запоминающее устройство

FTA	failure tree analysis - анализ дерева отказов
FTAM	file transfer, access and management - служба пересылки, доступа и управления файлами
FTAM	file transfer access method - метод доступа путем пересылки файлов
FTCS	fault-tolerant computing system - отказоустойчивая вычислительная система
FTF	file transfer facility - средство передачи файлов
ftg	fitting - сборка, монтаж; подгонка; подбор
FTMP	fault-tolerant multiprocessor - отказоустойчивый мультипроцессор
FTP	fault-tolerant processing - сбоеустойчивый режим работы
FTP	File Transfer Protocol - протокол передачи файлов
FTP	file transfer program - программа передачи файлов
FTU	first-time user - новый пользователь
FUI	file update information - информация об изменениях файлов
fun(c)	function - функция
FWIW	for what it's worth - по непроверённым данным
FXBIN	fixed(-point) binary - двоичный с фиксированной запятой
fxd	fixed - фиксированный, закрепленный, неподвижный; постоянный
fxp	fixed-point - с фиксированной запятой
FYI	for you information - для вашего сведения, к вашему сведению

G

G   gate - вентиль, вентильная схема; логический элемент; стробирующий импульс, строб-импульс; затвор; вентильный провод

GAM   graphic access method - графический метод доступа, доступ по методу ГАМ

GB   gain-bandwidth - добротность, произведение коэффициента усиления на ширину полосы пропускания

GB   gigabit - гигабит (10^9 бит)

GB   gigabyte - гигабайт (10^9 байт)

GC; gc   garbage-collect - собирать мусор

GC; gc   garbage collector - сборщик мусора

GCA   Graphic Communication Association - Ассоциация по передаче графической информации *(США)*

gcd   greatest common divisor - наибольший общий делитель

gcf   greatest common factor - наибольший общий множитель

GCI   generalised communication interface - связной интерфейс общего назначения

GCR   gray component replacement - замена компонентов серого

GCR   group coded recording - запись с использованием группового кодирования

GCS   general classification scheme - общая классификационная схема

Gc/s   gigacycle per second - гигагерц, Ггц

GD   gate driver - вентиль-формирователь

GDA   graphic display adapter - адаптер графического дисплея

GDG generation data group - группа данных одного поколения

GDI graphic device interface - интерфейс графического устройства

GDSS group decision support system - система обеспечения принятия групповых решений

GDT global descriptors table - глобальная таблица дескрипторов

GDTR global descriptor table register - регистр глобальной дескрипторной таблицы

GE greater or equal - больше или равно *(операция сравнения)*

GEM graphics environment manager - менеджер графической среды

gen generation - создание, образование; формирование; генерация; генерирование; порождение; поколение

gen generator - генератор; порождающая функция

GENESIM generic network simulator - универсальное устройство для моделирования сети

GERT graphical evaluation and review technique - метод графической оценки и анализа систем, метод ГЕРТ

GFC generic flow control - контроль обобщенного потока

GFLOPS giga floating-point operations per second - миллиардов операций с плавающей запятой в секунду

GGP Gateway-to-Gateway Protocol - протокол межсетевого сопряжения

Ghz gigahertz - гигагерц, Ггц

GIC general input/output channel - общий канал ввода-вывода

GIF graphic interchange format - формат обмена графическими данными

GIGO garbage in, garbage out - принцип "мякину заложишь - мякину получишь" ("каков запрос, таков ответ"), принцип МЗМП, принцип "мусор на входе - мусор на выходе" *(бессмысленный ответ на бессмысленно поставленный вопрос)*

GIMIC guard-ring isolated monolithic integrated circuit - интегральная схема с изоляцией "охранным" кольцом

GIN general information network - общая информационная сеть

GIN global information network - глобальная информационная сеть

GIOC generalized input/output controller - универсальный контроллер ввода-вывода

GIOP general purpose input/output processor - универсальный процессор ввода-вывода

GIRL general information retrieval language - обобщенный информационно-поисковый язык

GIRS graphic information retrieval system - система поиска графической информации

GIS geographical information system - географическая информационная система

GJP graphic job processor - процессор для выполнения графических заданий

GKS graphic kernel system - ядро графической системы; базовая графическая система, БГС *(стандарт двухмерной машинной графики)*

gl glossary - глоссарий

3GL third generation language - язык третьего поколения

4GL fourth generation language - язык четвертого поколения

GLOCOM global communication (system) - глобальная система связи

GLOP graphical library object parser - синтаксический анализатор графических библиотечных объектов

GM general manager - главный управляющий; директор-распорядитель

GM global memory - глобальная память

gm group mark - метка (маркер) группы знаков

GMHS global message handling service (system) - глобальная служба (система) обработки сообщений

GMT Greenwich mean time - среднее гринвичское время

GND; gnd ground - заземление, "земля"

GOS grade of service - категория обслуживания

GOS graphic operating system - графическая операционная система

GP game port - игровой порт

GP gang punch - дублирующий перфоратор; карточный перфоратор

GP generalized programming - обобщенное программирование

GP general protection - общая защита

GP general-purpose - универсальный, общего назначения

GPC general peripheral controller - универсальный периферийный контроллер

GPC general-purpose computer - универсальная вычислительная машина

GPDC general-purpose digital computer - универсальная цифровая вычислительная машина, универсальная ЦВМ

GPI graphic program interface - интерфейс графических программ

GPIA general purpose interface adapter - универсальный адаптер сопряжения

GPIB general-purpose interface bus - универсальная шина интерфейса

GPOS general purpose operating system - операционная система общего назначения

GPR general purpose register - регистр общего назначения

GPS general problem solver - универсальный решатель задач

GPS general-purpose system - подсистема общего назначения

GPSDIC general purpose scientific document image code - код для перевода графической информации в цифровую форму

GPT general-purpose terminal - универсальный терминал

GR general-purpose register - универсальный регистр, регистр общего назначения

GR generic relation - родовое отношение

GRADB generalized remote access data base - база данных общего назначения с дистанционным доступом

GRAIL graphic input language - язык программирования для ввода графической информации

GRID graphic interactive display - интерактивный графический дисплей

grp group - совокупность; группа

GS gray scale - шкала серого цвета

GS group separator - разделитель групп (данных)

GSAM generalized sequential access method - обобщенный последовательный метод доступа

GSE graphics support for engineers - пакет инженерной графики

GSI giant scale integration - сверхбольшой уровень интеграции; сверхбольшая интегральная схема, СБИС

GSL generalized simulation language - универсальный язык моделирования; обобщенный язык моделирования

GSL graphics software laboratory - "Лаборатория графических программных средств" *(набор программ фирмы "AT&T")*

GSM global system for mobile communications - цифровая мобильная телефонная связь

GSP graphics signal processor - процессор графических сигналов

GSSAPI generic security services **API** - общий интерфейс прикладного программирования служб защиты данных

GT game theory - теория игр

GT greater then - больше чем *(операция сравнения)*

GTL Ganning transceiver logic - логические схемы приемопередатчика Ганнинга

GTL gold transistor logic - транзисторные логические схемы с легированной золотом подложкой

GTM graphic text mode - режим графических текстов

GTS global telecommunications system - глобальная система телекоммуникаций

GUI graphics user interface - графический интерфейс пользователя, ГИП

GuID globally unique identifiers - глобально уникальный идентификатор

GVPN global virtual private network - глобальная виртуальная частная сеть

GWP gateway processor - процессор межсетевого сопряжения, процессор-шлюз, шлюзовой процессор

GWP Government White Paper - "Белая книга" *(официальное правительственное издание по информатике в Великобритании)*

GWP Graphics Working Party - Рабочая группа по машинной графике *(США)*

H **h**alf-adder - полусумматор, (одноразрядный) сумматор с двумя входами, сумматор по модулю 2

H **h**alt(ing) - останов

H **h**ardware - аппаратура, (аппаратное) оборудование, аппаратные средства, "железо"; технические средства; техническое обеспечение

HA **h**alf-**a**dder - полусумматор, (одноразрядный) сумматор с двумя входами, сумматор по модулю 2

HADA **h**igh **a**vailability **d**isk **a**rray - дисковая матрица высокой готовности

HAL **h**ardware **a**bstraction **l**ayer - абстрактный аппаратный слой

HAM **h**ardware **a**ssociative **m**emory - ассоциативное запоминающее устройство

HAM **h**ierarchical **a**ccess **m**ethod - иерархический метод доступа

HAMT **h**uman-**a**ssisted **m**achine **t**ranslation - машинный перевод с участием человека

HBA **h**ost-**b**us **a**dapter - адаптер шины главного компьютера

HBS model HBS-модель - палитра в компьютерной графике, спектр цветов которой формируется путем настройки трех факторов: оттенка цвета (**H**ue), яркости (**B**rightness) и насыщенности (**S**aturation)

HC **h**ard **c**ard - жесткая плата

HC **h**ard **c**opy - документальная копия; печатная копия

HCI human-computer interaction - взаимодействие человека с компьютером

HCI human-computer interface - человеко-машинный интерфейс

HCMOS high-density complementary MOS - комплементарная МОП-структура с высокой плотностью компоновки

HCP host communications processor - главный коммуникационный процессор

HCSS high capacity storage system - система памяти большой емкости

HD half-duplex - полудуплексный

HD high density - высокая плотность

HDA head-and-disk assembly - блок дисков с головками

HDAM hierarchical direct access method - иерархический прямой метод доступа

HDBC high-density bipolar coding - высокоплотное биполярное кодирование

HDC handle to device context - логический номер контекста устройства

HDD hard disk drive - дисковод жестких дисков; "винчестер"

HD-DOMS HyperDesk distributed object management system - система управления распределенными объектами фирмы "HyperDesk"

HDDR high-density digital recording - цифровая запись с высокой плотностью

HDI hard disk indicator - индикатор обращения к жесткому диску

HDLC High-level Data Link Control - высокоуровневый протокол управления каналом передачи данных

HDR **h**igh **d**ynamic **r**ange - расширенный динамический диапазон
hdr **h**ea**d**e**r** - заголовок; рубрика; "шапка"; головная метка
HDS, hds **h**alf-**d**uplex - полудуплекс; полудуплексный
HDTL **h**ybrid **d**iode-coupled **t**ransistor **l**ogic - гибридные транзисторные логические схемы с диодными связями
HDTV **h**igh-**d**efinition **tel**evision - телевидение высокого разрешения
HDU **h**ard **d**isk **u**nit - запоминающее устройство (накопитель) на жестких дисках
hdw **h**ar**dw**are - аппаратура, (аппаратное) оборудование, аппаратные средства, "железо"; технические средства; техническое обеспечение
HDX **h**alf-**d**uplex - полудуплексный
HEM **h**ours - **e**xpenses - **m**iles - часы - расходы - мили
HEP **h**eterogeneous **e**lement **p**rocessor - мультипроцессор с (функционально) различными процессорами, неоднородная мультипроцессорная система
HEP **h**omogeneous **e**lement **p**rocessor - мультипроцессор с (функционально) однородными процессорами, однородная мультипроцессорная система
HF **h**igh-**f**requency - высокочастотный
HF **h**igh-**f**lexible - с высокой степенью гибкости
HFS **h**ierarchical **f**ile **s**ystem - иерархическая файловая система
HFT **h**igh **f**unction **t**erminal - многофункциональный терминал
HGC **H**ercules **g**raphics **c**ard - графический адаптер фирмы "Hercules"

HHC hand-held computer - "ручной" (карманный) компьютер

HHD half-height drive - накопитель "половинной" (по сравнению со стандартной) высоты

HIC hybrid integrated circuit - гибридная интегральная схема

HIDAM hierarchical indexed direct access method - иерархический индексно-прямой метод доступа

HIF hybrid interface - интерфейс для связи цифровых и аналоговых устройств; гибридное сопряжение

HiFD high capacity floppy disk - гибкий диск высокой емкости

Hi-Fi high fidelity - высокая точность передачи или воспроизведения

HILAN hierarchical integrated local area network - иерархическая интегрированная локальная вычислительная сеть

HiNIL high noise-immunity logic - логические схемы с высокой помехоустойчивостью

HiPPI high performance parallel interface - высокоскоростной параллельный интерфейс

hi-rel high-reliable - высоконадежный

HIS human interface standards - стандарты интерфейса пользователя

HISAM hierarchical indexed sequential access method - иерархический индексно-последовательный метод доступа

HLI high-level interface - интерфейс высокого уровня

HLL high-level language - язык высокого уровня

HLL high-level logic - высокоуровневые логические схемы, логические схемы с высокими уровнями сигналов

HLLAPI high-level language application programming interface - интерфейс прикладного программирования на языках высокого уровня

HLP High-Level Protocol - протокол высокого уровня

HLS model hue, level, saturation model - модель "цвет-яркость-насыщенность" *(способ задания характеристики цвета)*

hlt halt(ing) - останов

HLTTL; HLT²L high-level transistor-transistor logic - высокоуровневые транзисторно-транзисторные логические схемы, высокоуровневые ТТЛ-схемы

HMA high memory area - область высокой памяти

HMC horizontal microcode - горизонтальный микрокод

HMD head-mounted display - виртуальный шлем, VR-шлем

H-media hypermedia - гипермедиа, гиперсреда

HMI human-machine interaction - взаимодействие человека и машины

HMI hub management interface - интерфейс управления концентратором

HNA Hitachi network architecture - архитектура сети фирмы "Hitachi" *(Япония)*

HNET hub network - сеть с центральной станцией

HNIL high noise-immunity logic - логические схемы с высокой помехоустойчивостью

hol hologram - голограмма

HOST hybrid open systems technology - гибридная технология открытых систем

HOT holographic optical tracking - голографическая оптическая запись

HP	Hewlett Packard - "Хьюлетт-Паккард" *(фирма по производству компьютерной техники и принтеров)*
hp	**h**igh-**p**ositive - высокий положительный
HPCCI	**H**igh **P**erformance **C**omputing and **C**ommunication **I**nitiative - Инициатива в области высокопроизводительных вычислений и средств связи
HPDS	**h**igh **p**erformance **d**isk **s**ubsystem - высокопроизводительная дисковая подсистема
HPF	**h**ighest **p**ossible **f**requency - верхняя граница частоты, наивысшая допустимая частота
HPF	**h**ighest **p**riority **f**irst - планирование по наивысшему приоритету
HPF	**h**igh **p**erformance **f**ilters - высокопроизводительные фильтры
HPFS	**h**igh-**p**erformance **f**ile **s**ystem - быстродействующая файловая система
HPGL	**H**ewlett-**P**ackard **g**raphics **l**anguage - язык описания графики *(стандартный язык описания устройств графического вывода фирмы "Hewlett-Packard")*
HP-IB	**H**ewlett-**P**ackard **i**nterface **b**us - шина интерфейса фирмы "Hewlett-Packard"
HPP	**H**arvard **P**rofessional **P**ublisher - Гарвардский пакет прикладных программ для профессиональных издателей
HPPI	**h**igh **p**erformance **p**arallel **i**nterface - высокоскоростной параллельный интерфейс
HPR	**h**igh **p**erformance **r**outing - высокопроизводительная маршрутизация
HPSS	**h**igh **p**erformance **s**torage **s**ystem - высокопроизводительная система хранения данных

HPT	**h**ead-**p**er-**t**rack - с головкой на тракт
HRT	**h**igh **r**esolution **t**imer - таймер с высоким разрешением
HS	**h**alf-**s**ubtracter - полувычитатель
HS	**h**igh **s**peed - высокоскоростной, быстродействующий
HSAM	**h**ierarchical **s**equential **a**ccess **m**ethod - иерархический последовательный метод доступа
HSB	**h**ue, **s**aturation, **b**rightness - цвет, насыщенность, яркость
HSD	**h**igh **s**peed **d**raft - режим скоростной печати
HSDL	**h**igh-**s**peed **d**ata **l**ink - высокоскоростной канал передачи данных
HSI	**h**uman **s**ystem **i**nterface - человеко-машинный интерфейс, пользовательский интерфейс
HSI levels	**h**ue, **s**aturation, **i**ntensity **levels** - уровни цвета, насыщенности и интенсивности
hsk	**h**ouse**k**eeping - служебные действия; организующие (управляющие) действия; действия по обслуживанию; служебный; организующий; вспомогательный
HSL	**h**ue, **s**aturation, **l**uminance - тон - насыщенность - яркость (цветовая модель HSL)
HSLA	**h**igh **s**peed **l**ine **a**dapter - быстродействующий линейный адаптер
HSM	**h**ierarchical **s**emantic **m**odel - иерархическая семантическая модель
HSM	**h**ierarchical **s**torage **m**anagement - система управления иерархической памятью; иерархическое управление памятью
HSM	**h**igh-**s**peed **m**emory - быстродействующая память, быстродействующее запоминающее устройство

HSP high-speed printer - быстродействующее печатающее устройство

HSR high-speed reader - быстродействующее считывающее устройство

HSRP Hot Standby Router Protocol - протокол маршрутизатора горячего резервирования

HSS high-speed storage - быстродействующая память

HSSB high-speed serial bus - высокоскоростная последовательная магистраль

HSSI high speed serial interface - высокоскоростной последовательный интерфейс

HST high-speed technology - высокоскоростная технология (передачи данных)

HSV model hue, saturation, value model - модель "цвет-насыщенность-значение" *(способ задания характеристики цвета)*

HT horizontal tabulation - горизонтальное табулирование

HTL high-threshold logic - логические схемы с высоким порогом напряжения, высокопороговые логические схемы, ВПЛ-схемы

HTML HyperText Markup Language - язык разметки гипертекста; гипертекстовый язык описания документов

HTTP HyperText Transfer Protocol - гипертекстовый транспортный протокол

HVP horizontal & vertical position - горизонтальная и вертикальная позиция

HW, hw hardware - аппаратура, (аппаратное) оборудование, аппаратные средства, "железо"; технические средства; техническое обеспечение

I

I; i	**i**ncomplete	неполный, незавершенный
I; i	**i**ndicator	индикатор, указатель; индикаторный регистр
I; i	**i**nitial	начальный, исходный
I; i	**i**nstruction	команда
I; i	**i**ntransitive	нетранзитивный
I; i	**i**ntrinsic	внутренний; встроенный
IA	**i**ndirect **a**ddressing	косвенная (непрямая) адресация
IA	**i**nitial **a**ppearance	первое появление; первоначальное вхождение
IA	**i**nstruction **a**ddress	адрес команды
IA	**i**ntegrated **a**dapter	интегральный адаптер
I&A	**i**dentification **a**nd **a**uthentication	идентификация и аутентификация (субъектов)
IAB	**I**nternet **A**ctivities **B**oard	Координационный совет сети Internet
IAB	**I**nternet **A**rchitecture **B**oard	Совет по архитектуре сети Internet
IAC	**i**nter-**a**pplication **c**ommunication	межпрограммная коммуникация
IACK	**i**nterrupt **ack**nowledge	подтверждение о прерывании
IAM	**i**ntermediate **a**ccess **m**emory	запоминающее устройство со средним временем доступа
IAN	**i**ntegrated **a**ccess **n**ode	узел объединенного доступа
IAS	**i**mmediate **a**ddress **s**torage	память с прямой адресацией
IB	**i**nput **b**uffer	входной буфер

IBCN integrated broadband communication network - интегрированная широкополосная коммуникационная сеть
IBM International Business Machines Corporation - Американская корпорация, разработчик и изготовитель компьютерной техники и программного обеспечения
IBM PC IBM personal computer - персональный компьютер фирмы IBM
IBN integrated business network - интегрированная коммерческая сеть
IC immediate constituent - непосредственно составляющая, НС
IC input circuit - входная схема; входная цепь; входной контур
IC instruction card - программная карта
IC instruction counter - счетчик команд
IC integrated circuit - интегральная схема, ИС
IC interface control - управление интерфейсом
IC internal connection - внутреннее соединение
ICA immediate constituent analyzer - алгоритм анализа по непосредственным составляющим
ICA intelligent console architecture - архитектура интеллектуальной консоли
ICA interactive communication feature - интерактивное коммуникационное средство
ICA interapplication communication architecture - архитектура межпрограммных связей
ICA intercomputer adapter - адаптер каналов связи
ICA International Communication Association - Международная ассоциация по связи
ICAI intelligent computer-assisted instruction - интеллектуальная система машинного обучения

ICB	interrupt control block - блок управления прерываниями
ICCP	Institute for Certification of Computer Professionals - Институт аттестации компьютерных специалистов
ICD	international code designator - указатель международного кода
ICDA	integrated cashed disk array - дисковая матрица со встроенной кэш-памятью
ICE	in-circuit emulation - внутрисхемная эмуляция
ICE	in-circuit emulator - внутрисхемный эмулятор
ICE	Information Center on Education - Информационный центр по образованию *(США)*
ICE	input checking equipment - аппаратура контроля ввода
ICI	inter-carrier interface - интерфейс связи между линиями различных телефонных компаний
ICL	incoming line - входящая линия; входная шина
ICM	image compression manager - программа управления сжатием изображений
ICMP	Internet Control Message Protocol - протокол управления сообщениями в сети Internet, протокол ICMP
ICN	interconnection network - сеть с внутрисхемной коммутацией
ICOMP	Intel comparative microprocessor performance - индекс сравнительной оценки производительности микропроцессоров компании "Intel"
ICP	integrated circuit package - корпус интегральной схемы
ICP	intelligent call processing - интеллектуальная обработка вызовов

ICP/SPP Interprocess Communications Protocol / Sequenced Packet Protocol - протокол связи между процессами / протокол упорядоченной передачи пакетов

ICS integrated communication subsystem - интегрированная коммуникационная подсистема

ICSG intelligent computer systems group - группа по интеллектуальным компьютерным системам

ICST Institute of Computer Science and Technology - Институт вычислительной техники *(США)*

ICTS inter-city telecommunications system - система междугородной связи

ICU instruction control unit - блок обработки команд

ICU integrated control unit - интегральный блок управления

ID identification - идентификация, отождествление; определение, распознавание; обозначение

ID indicating device - устройство индикации

ID information distributor - распределитель данных

ID instruction decoder - декодировщик команд

ID item description - описание элемента

id identifier - идентификатор, имя

IDA integrated digital access - интегрированный цифровой доступ

IDA integrated disk adapter - интегрированный адаптер дисковой памяти

IDAPI integrated database application programming interface - единый интерфейс прикладного программирования баз данных

IDB index data base - индексная база данных

IDB integrated data base - интегрированная база данных

IDC identification code - идентифицирующий код; идентификатор

IDCC International Data Communication Center - Международный центр передачи данных
IDDE interactive development and debugging environment - интегрированная среда разработки и отладки программ; средства отладки и разработки программ
IDE integrated development environment - интегрированные средства разработки *(программного обеспечения)*
IDE integrated device electronics - встроенный контроллер
IDE integrated drive electronics - дисковод со встроенным контроллером
IDE intelligent drive equipment - интеллектуальное оборудование дисковода
IDEF integration definition (method) - метод описания интеграции
IDI intermediate digital interface - промежуточный цифровой интерфейс
I-disk initialized disk - размеченный диск
IDL interface definition language - язык определения интерфейса
IDM impact dot matrix - ударная точечная матрица
IDN integrated digital network - интегрированная цифровая сеть
IDO interface definition object - объект, определяющий элемент интерфейса
IDP industrial data processing - обработка промышленных данных
IDP integrated data processing - интегрированная обработка данных
IDP input data processor - процессор ввода данных
IDS information display system - система визуального отображения информации

IDS	information distribution system - система распределения информации
IDS	integrated data system - интегрированная система обработки данных
IDS	interface design specification - технические требования к аппаратуре сопряжения
IDT	interrupt descriptor table - таблица дескрипторов прерываний
IDTR	interrupt descriptor table register - регистр дескрипторной таблицы прерываний
IDU	interface data unit - интерфейсный блок данных
IEC	International Electrotechnical Commission - Международная электротехническая комиссия, МЭК
IEEE	Institute of Electrical and Electronical Engineers - Институт инженеров по электротехнике и радиоэлектронике, ИИЭР
IEF	information engineering facility - инструментальные средства разработки программ
IEN	image enabled netware - сеть с поддержкой изображений
IES	information exchange system - система обмена информацией
IESG	Internet Engineering Systems Group - Группа системных инженеров сети Internet
IETF	Internet engineering task force - инженерная проблемная группа Internet
IFA	integrated file adapter - интегрированный адаптер файла
IFAC	International Federation of Automatic Control - Международная федерация по автоматическому управлению, ИФАК
IFE	intelligent front-end - интеллектуальная программа сопряжения; интеллектуальная станция-клиент

IFEP	integrated front-end processor - интегрированный фронтальный (связной) процессор
IFF	image file format - формат файлов изображений
iff	if and only if - тогда и только тогда
IFIP	International Federation of Information Processing - Международная федерация по обработке информации, МФОИ
IFIPS	International Federation of Information Processing Societies - Международная федерация обществ по обработке информации
IFL	intelligent form language - язык интеллектуальных форм
IFOCL	integrated fiber optic communication line - интегрированная волоконно-оптическая линия связи, интегрированная ВОЛС
IFS	installable file system - инсталлируемая файловая система
IG	insulated gate - изолированный затвор
IGC	intelligent graphic controller - "интеллектуальный" графический контроллер
IGES	initial graphics exchange standard - первичный стандарт по обмену графической информацией
IGES	international graphical exchange standard - международный стандарт по обмену графической информацией
IGFET	isolated(-gate) field-effect transistor - канальный (полевой, униполярный) транзистор с изолированным затвором
IGRP	Interior Gateway Routing Protocol - протокол внутренней маршрутизации между шлюзами
IGS	interactive graphic system - интерактивная графическая система
IGT	intelligent graphics terminal - интеллектуальный графический терминал

IH	interrupt handler - обработчик прерываний
IHD	internal hard disk - внутренний жесткий диск
IHF	image handling facility - средство обработки изображений
IHV	independent hardware vendor - независимый поставщик аппаратного обеспечения
IIASA	International Institute for Applied Systems Analysis - Международный институт прикладного системного анализа
IIOP	intelligent input/output processor - интеллектуальный процессор ввода-вывода
IIPA	International Intellectual Property Alliance - Международный союз по охране интеллектуальной собственности
IIR	infinite impulse response - бесконечная импульсная характеристика, БИХ
IIU	input interface block - интерфейсный блок ввода
IKBS	intelligent knowledge-based system - интеллектуальная система на основе базы знаний
IL	interface loop - интерфейсная петля
I^{2}L	integrated injection logic - интегральные инжекционные логические схемы, логические схемы с инжекционным питанием
I^{3}L	isoplanar injection integrated logic - изопланарные инжекционные интегральные логические схемы
ILAN	integrated local area network - интегрированная локальная вычислительная сеть
ILE	integrated language environment - интегрированная языковая среда
ill mem ref	ill memory reference - неправильное обращение к памяти

ILMI interim local management interface - промежуточный интерфейс локального управления

ILSW interrupt level status word - слово с информацией об уровне прерывания

im instrumentation - (контрольно-)измерительные приборы; приборное оснащение

ILV interactive laser vision - звуковой канал канавки

IM information model - информационная модель

IM inheritance mask - маска наследования

IMA Interactive Multimedia Association - Ассоциация интерактивных мультимедиа-систем

IMAP Interactive Mail Access Protocol - протокол интерактивного доступа к электронной почте

IMB intermodule bus - межмодульная шина

IMC independent marketing company - независимая торговая компания *(дилер фирмы "Apple")*

IMIS integrated management information system - интегрированная управленческая информационная система

I-modem internal modem - внутренний (встроенный) модем

IMOS ion-implanted MOS - МОП-структура с ионной имплантацией

IMP interface message processor - интерфейсный процессор сообщений

IMP Internal Message Protocol - протокол обмена внутренними (служебными) сообщениями

imp. impulse - импульс

IMPATT impact avalanche transit time (diode) - лавинно-пролётный диод

IMPI internal microprogramming interface - внутренний микропрограммный интерфейс

IMPS interbank messages processing system - система автоматизированной обработки межбанковских транзакций
IMS information management system - информационно-управляющая система
IMS intelligent messaging service - интеллектуальная служба передачи сообщений
IMS interprocessor messaging system - система обмена сообщениями между процессорами
IN information network - информационная сеть
IN intelligent network - интеллектуальная сеть
in input - вход; ввод; входное устройство; входной сигнал; входные данные
INCA integrated network architecture for office communication - интегрированная сетевая архитектура для учрежденческой связи
incr increase - увеличивать
incr increment - приращение, прирост; инкремент, (бесконечно) малое приращение; шаг
ind indicate - указывать; показывать; означать
ind indicator - индикатор, указатель; индикаторный регистр
INDB intelligent network data base - база данных для интеллектуальных сетей
indn indication - указание; обозначение; индикатор; индикация, показание, отсчет
indr indicator - индикатор, указатель; индикаторный регистр
ineq inequality - неравенство; несоответствие
inf infinite - бесконечный; бесчисленный
inf infinity - бесконечность
inf information - информация; сведения
infer inference - (логический) вывод, умозаключение; следствие

infl	**infl**ection - перегиб, точка перегиба; флексия
info	**info**rmation - информация; сведения
inh	**inh**ibiting input - запрещающий вход; запрещающий входной сигнал
INP	**i**ntegrated **n**etwork **p**rocessor - интегрированный сетевой процессор
INP	**i**ntelligent **n**etwork **p**rocessor - интеллектуальный сетевой процессор
inq	**inq**uire - запрашивать; опрашивать
inq	**inq**uiry - запрос; опрос
INS	**i**nformation **n**etwork **s**ystem - система информационных сетей
inst	**inst**rument - прибор; инструментальное средство; измерительное средство; измерительное устройство, (контрольно-) измерительный прибор
instln	**inst**a**ll**atio**n** - установка, устройство
instr	**instr**uction - команда; инструкция; программа (действий)
int	**in**i**t**ial - начальный
int	**int**eger - целое число
int	**int**egral - интеграл; целое число
int	**int**egrate - интегрировать
int	**int**errogate - запрос; опрос
int	**int**errupt - прерывание; сигнал прерывания
int	**int**ersection - пересечение; точка пересечения; линия пересечения
int	**int**erval - промежуток, интервал
intel	**intel**ligence - интеллект
InterNIC	**Inter**net **N**etwork **I**nformation **C**enter - Центр сетевой информации Internet
interp	**interp**olation - интерполяция, интерполирование
intrpt	**int**er**r**u**pt** - прерывание; сигнал прерывания

inv	**inv**erter - инвертор, инвертирующий элемент
inval	**inval**id - неправильный, неверный; недействительный; неисправный; неработоспособный
invar	**invar**iant - инвариант
INWIG	**I**nternational **N**etwork **W**orking **G**roup - Международная рабочая группа по информационно-вычислительным сетям
inx	**in**de**x** - индекс, показатель; показатель степени; коэффициент; предметный указатель
IO	**i**nterpretative **o**peration - работа в режиме интерпретации
I/O	**i**nput/**o**utput - ввод-вывод, В/В; устройство ввода-вывода; данные ввода-вывода
IOB	**i**nput-**o**utput **b**uffer - буфер ввода-вывода; буферное запоминающее устройство ввода-вывода
IOC	**i**nput/**o**utput **c**hannel - канал ввода-вывода
IOC	**i**nput/**o**utput **c**ontroller - контроллер ввода-вывода
IOCC	**i**nput/**o**utput **c**ontrol **c**enter - узел управления вводом-выводом
IOCC	**i**nput/**o**utput **c**ontrol **c**ommand - команда управления вводом-выводом
IOCS	**i**nput/**o**utput **c**ontrol **s**ystem - система управления вводом-выводом
IOD	**i**nput/**o**utput **d**efinition - определение ввода-вывода
IOD	**i**nput/**o**utput **d**river - драйвер ввода-вывода
IOF	**i**nput/**o**utput **f**ront-end - периферийное устройство ввода-вывода
IOLA	**i**nput/**o**utput **l**ink **a**dapter - адаптер канала ввода-вывода
IOLC	**i**nput/**o**utput **l**ink **c**ontroller - контроллер канала ввода-вывода

IOM	input/output multiplexer - мультиплексер ввода-вывода
IOMP	input/output microprocessor - микропроцессор ввода-вывода
IOP	input/output processor - процессор ввода-вывода, ПВВ
IOPL	input/output privilege level - привилегированный уровень ввода-вывода
IOS	input/output subsystem - подсистема ввода-вывода
IOS	input/output system - система ввода-вывода
IOS	integrated office system - интегрированная учрежденческая (офисная) система
IOS	internetworking operating system - межсетевая операционная система
IOSB	input/output status block - блок состояния ввода-вывода
IOSS	input/output subsystem - подсистема ввода-вывода
IOX	input/output executive - стандартная исполнительная программа ввода-вывода
IP	identification of position - идентификация положения
IP	identification point - место идентификации
IP	image processor - процессор изображений
IP	index of performance - показатель производительности
IP	information pool - информационный пул
IP	information processing - обработка информации
IP	initial point - начальная (исходная) точка
IP	instruction pointer - указатель команд
IP	instruction pulse - командный импульс
IP	interface processor - интерфейсный процессор
IP	Internet Protocol - межсетевой протокол

IP	**i**nterrupt **p**ointer - (регистр-)указатель прерываний
IP	**i**nterrupt **p**riority - приоритет прерывания
IP	**i**nterrupt **p**rocessor - процессор прерываний
IP	**i**tem **p**rocessing - поэлементная обработка данных
IPA	**i**nformation **p**rocessing **a**rchitecture - архитектура системы обработки информации
IPA	**i**ntegrated **p**rinter **a**dapter - интегрированный адаптер принтера
IPB	**i**nter**p**rocessor **b**uffer - межпроцессорное буферное запоминающее устройство
IPC	**i**ndustrial **p**rocess **c**ontrol - управление производственным процессом
IPC	**i**nformation **p**rocessing **c**enter - центр обработки информации
IPC	**i**nformation **p**rocessing **c**ode - двоичный код обработки нецифровой информации
IPC	**i**ntegrated **p**eri**p**heral **c**hannel - интегрированный периферийный канал
IPC	**i**nter**p**rocess **c**ommunication - взаимодействие между процессами; связь между процессами
IPC	**i**nter**p**rocessor **c**ommunication - межпроцессорная связь
IPDN	**i**nternational **p**ublic **d**ata **n**etwork - международная общедоступная сеть передачи данных
IPDS	**i**ntelligent **p**rinter **d**ata **s**ystem - интеллектуальная система данных печати
IPE	**i**nformation **p**rocessing **e**quipment - оборудование (для) обработки информации
I-peripherals	**i**nternal **peripherals** - внутренние периферийные устройства
IPI	**i**ntelligent **p**eri**p**heral **i**nterface - интеллектуальный периферийный интерфейс

IPI	Intel processor integrator - интегратор процессоров "Intel"
IPL	information processing language - язык обработки информации, ИПЛ
IPL	initial program load - начальная загрузка программы
IPL	initial program loader - начальный загрузчик программы
IPM	independent peripheral manufacturer - независимый *(от ведущих компьютерных фирм-производителей)* изготовитель периферийных устройств
IPM	intelligent power management - интеллектуальное управление (электро)питанием
ipm	interruption per minute - (число) прерываний в минуту
IPMS	interpersonal messaging system - система обмена сообщениями
IPM UA	interpersonal messaging user agent - агент пользователя при обмене сообщениями
IPR	interactive photorealistic rendering - программа просчета кадров в интерактивном режиме
IPS	image processing system - система обработки изображений
IPS	information processing system - система обработки информации
IPS	Internet protocol suite - набор протоколов Internet
ips	inches per second - (число) дюймов в секунду
IPSC	Intel parallel scientific computer - компьютер компании "Intel" с параллельной обработкой для научных расчетов
IPSS	international packet switched service - международная служба пакетной коммутации

IPX	**I**nternetwork **P**acket e**X**change - протокол межсетевого обмена пакетами
IQS	**i**nstallation **q**uick **s**tart - инсталляционная программа для быстрого старта
IR	**i**nformation **r**etrieval - поиск информации, информационный поиск
IR	**i**nstruction **r**egister - регистр команд
IR	**i**nternal **r**esistance - внутреннее сопротивление
IR	**i**nterrogator-**r**esponder - запросчик-ответчик
IR	**i**nterrupt **r**egister - регистр прерываний
IRC	**i**nternational **r**ecord **c**arrier - международная линия передачи документальной информации
IRF	**i**nherited **r**ights **f**ilter - фильтр наследуемых полномочий
IRG	**i**nter-**r**ecord **g**ap - интервал между записями
IRL	**i**nformation **r**etrieval **l**anguage - информационно-поисковый язык, ИПЯ
IRM	**i**nherited **r**ights **m**ask - маска наследуемых прав *(элемент защиты ОС Novell NetWare)*
IRQ	**I**nterrupt **ReQ**uest line - линия запроса прерывания
IRS	**i**nformation **r**etrieval **s**ystem - информационно-поисковая система, ИПС
IS	**i**ndexed **s**equential - индексно-последовательный
IS	**i**nformation **s**cience - информатика
IS	**i**nformation **s**eparator - разделительный знак (при передаче) информации
IS	**i**nformation **s**ystem - информационная система
IS	**i**nternational **s**tandard - международный стандарт, МС
IS	**i**nterval **s**ignal - сигнал интервала
ISA	**i**ndustry **s**tandard **a**rchitecture - архитектура промышленного стандарта

ISA International Standard Association - Международная ассоциация по стандартам

ISAM indexed sequential access method - индексно-последовательный метод доступа

ISAN integrated services academic network - академическая сеть интегрированных услуг

ISC intersystem communication - межсистемная связь

ISDN integrated services digital network - цифровая сеть с комплексными услугами, цифровая сеть интегрированных услуг, цифровая сеть с интеграцией обслуживания, ЦСИО

ISFET ion sensitive field-effect transistor - канальный (полевой, униполярный) транзистор с изменением концентрации ионов

ISI intelligent standard interface - интеллектуальный стандартный интерфейс

IS-IS intermediate system - intermediate system - промежуточная система к промежуточной системе

IS (jet) printer ink-spray (jet) printer - струйный принтер

ISL intersystem link - межсистемная связь

ISLAN integrated service local area network - локальная вычислительная сеть с интеграцией служб

ISN integrated system network - сеть интегрированных систем

ISN internal system number - идентификатор объекта; внутренний системный номер

ISO International Standards Organization - Международная организация по стандартизации, МОС; ИСО

ISODE International Standards Organization development environment - инструментальная система разработки протоколов Международной организации по стандартизации

ISONET International Standards Organization network - сеть Международной организации по стандартизации

ISP international standardized profile - международный стандартизованный профиль

ISP Internet service provider - поставщик (провайдер) услуг Internet

ISR information storage and retrieval - хранение и поиск информации

ISR interrupt service routine - программа обработки прерываний

ISRC International Standard Recording Code - международный стандартный код записи

ISS integrated support station - пункт комплексного технического обеспечения

ISSN international standard serial number - международный стандартный номер периодического издания

ISV independent software vendors - независимый продавец программного обеспечения

IT information theory - теория информации

IT information technology - информационная технология

IT information transfer - передача информации

IT input translator - входной транслятор

IT internal translator - внутренний транслятор

IT item transfer - поэлементная передача

ITAA Information Technology Association of America - Американская ассоциация по информационной технологии

ITB intermediate text block - промежуточный блок текста

ITC integrated terminal controller - интегрированный терминальный контроллер

ITF	interactive terminal facility - интерактивное оконечное устройство
ITT	invitation to transmit - приглашение к передаче
ITU	International Telecommunications Union - Международный союз по телекоммуникациям
IU	integer unit - исполнительный узел для операций над целыми числами
IUS	image understanding system - система распознавания изображений
IV	independent variable - независимая переменная
iv	inverter - инвертор, инвертирующий элемент
IVD	integrated voice and data - совместная передача речи и данных
IVD	interactive video disk - интерактивный видеодиск
IVDT	integrated voice/data terminal - терминал для совместной передачи речи и данных
IVS	interactive virtual system - интерактивная виртуальная система
IW	index word - модификатор
IWB	instruction word buffer - буфер командных слов
IWPO	International Word Processing Organization - Международная организация по обработке текста
IXC	interexchange carrier - междугородняя телефонная компания
IXES	information exchange system - система обмена информацией

JA jump address - адрес перехода
JANET Joint Academic Network - Объединенная академическая сеть
JAWS Josephson-Atto-Weber Switch - аттовеберный переключатель Джозефсона
JCL job control language - язык управления заданиями
jctn junction - соединение; сочленение; переход
JDC job description card - карта описания задания
JEIDA Japanese Electronics Industry Development Association - Японская ассоциация развития электронной промышленности
JES job entry system - система ввода заданий
JESA Japanese Engineering Standards Association - Японская ассоциация инженерных стандартов
JEU jump execution unit - блок выполнения переходов
JFCB job file control block - блок управления файлом задания
JISC Japanese Industrial Standards Committee - Японский комитет промышленных стандартов
JJL Josephson junction logic - логические схемы с переходами Джозефсона
JMP jump - переход, передача управления; переходить, выполнять переход, передавать управление
JPEG Joint Photographic Expert Group - Объединенная экспертная группа по стандартам цифровых видео- и мультипликационных изображений *(занимается разработкой стан-*

дартного способа сжатия полноцветных неподвижных видеоизображений для хранения и передачи)

JSA **J**apanese **S**tandards **A**ssociation - Японская ассоциация по стандартам

JTM **j**ob **t**ransfer and **m**anipulation - пересылка и обработка заданий

К

K kilo - кило, К *(единица емкости памяти, равная $2^{10} = 1024$ байт)*

KASC Knowledge Availability System Center - Центр обеспечения доступа к базам знаний *(США)*

KB kilobit - килобит

KB kilobyte - килобайт

KB knowledge base - база знаний, БЗ

KB; kb; KBD; kbd keyboard - коммутационная панель; клавишный пульт; клавиатура, клавишная панель

KBM knowledge base management - управление базой знаний

KBMS knowledge base management system - система управления базой знаний

KBPS kilobytes per second - килобайт в секунду *(единица скорости передачи данных)*

KBS knowledge base system - система баз знаний

Kc kilocycle - килогерц, Кгц

KCS; Kc/s kilocycle per second - килогерц, Кгц

KDR keyboard data recorder - регистр данных с клавиатурой

KEE knowledge engineering environment - среда представления и использования знаний

KGU known-good unit - заведомо исправный блок

KIP knowledge information processing - обработка знаний

KIPS knowledge information processing system - система обработки знаний

KISS keep it simple, stupid - "делай проще, тупица" *(принцип разработки, запрещающий использование средств более сложных, чем это необходимо)*

KLIPS kilo logical inferences per second - килолипс, тысяча логических выводов в секунду
KMON keyboard monitor - монитор клавиатуры
kMc/s kilomegacycle per second - гигагерц, Ггц
KP keyboard port - порт клавиатуры
KPRAM keyboard programmable random-access memory - память с произвольной выборкой, программируемая с помощью клавиатуры
KRL knowledge representation language - язык представления знаний
KSAM keyed sequential access method - последовательный метод доступа с ключами
KWINDEX key word index - указатель ключевых слов
kybd keyboard - клавиатура, клавишная панель

L; l label - метка; (маркировочный) знак; отметка; обозначение
L; l law - закон; правило; принцип
L; l letter - буква; символ; знак; литера
L; l level - уровень; степень
L; l light - свет; освещение; лампа; индикаторная (сигнальная) лампа, индикатор
L; l line - линия; провод; шина; строка
L; l load - нагрузка; загрузка; заправка
L; l longitudinal - продольный
LAA LAN administration architecture - архитектура администрирования локальных вычислительных сетей
LADT local area data transport - передача данных в локальной сети
LAN local area network - локальная вычислительная сеть, ЛВС
LAND local area network directory - каталог локальной вычислительной сети
lang language - язык
LAP link access procedure - процедура доступа к каналу
LAP Link Access Protocol - протокол доступа к звену данных
LAPB link access procedure balanced - процедура сбалансированного доступа к каналу
LAPB Link Access Protocol - Balanced - сбалансированный протокол доступа к линии связи
LAPM Link Access Protocol for Modems - протокол доступа к каналу для модемов

LARAM line addressable random-access memory - память с произвольной выборкой, адресуемая по словам; построчно (линейно) адресуемое запоминающее устройство с произвольной выборкой
LAT local area transport - транспортировка в локальной сети
LAU LAN access unit - блок доступа к локальной вычислительной сети
LB line buffer - буфер линии связи
LBA logical block addressing - логическая адресация блоков
lbl label - метка; (маркировочный) знак; отметка; обозначение
LBN logical block number - номер логического блока
LBR laser beam recorder - лазерный самописец, запись лазерным лучом
LBR low-burst rate - низкая скорость передачи *(пакетов)*
LC last card - последняя карта
LC level control - регулирование уровня
LC line connector - линейный соединитель
LC link circuit - схема связи, схема соединения
LC liquid crystal - жидкий кристалл, ЖК
LC load cell - ячейка загрузки
LC location counter - счетчик адресов ячеек; счетчик команд
LC logical channel - логический канал
LC lower case - нижний регистр
LCB line control block - блок управления каналом
LCD liquid-crystal display - жидкокристаллический индикатор, ЖКИ; жидкокристаллическое табло (дисплей)

lcd lowest common denominator - наименьший общий знаменатель

LCDTL load-compensated diode-transistor logic - диодно-транзисторные логические схемы с фиксирующим диодом

lcf least common factor - наименьшее общее кратное

LCFS least completed, first served - наименее завершенный обслуживается первым

lcm least (lowest) common multiple - наименьшее общее кратное

LCN local computer network - локальная вычислительная сеть

LCN logical channel number - номер логического канала

LCN loosely coupled network - слабосвязанная сеть, сеть со слабой связью

LCR least-cost routing - маршрутизация по критерию наименьшей стоимости

LCS large capacity storage - запоминающее устройство большой емкости

LCSS line conditioners, surge suppressors - средства защиты оборудования от бросков электропитания

LCT line control table - таблица управления строками изображения на дисплее

LD laser disc - лазерный диск

ld lead - проводник; провод; ввод; вывод

ld load - нагрузка; загрузка; заправка

LDDI local distributed data interface - локальный распределенный интерфейс для сети передачи данных

LDN local distributed network - локальная распределенная сеть

LDP	language data processing	обработка лингвистической информации
LD-ROM	laser disk read only memory	постоянное запоминающее устройство на лазерных дисках
LDT	local descriptor table	локальная таблица дескрипторов
LDTR	local descriptor table register	регистр локальной таблицы дескрипторов
LE	leading edge	передний фронт; ведущий (передний) край
LEC	LAN emulation client	клиент эмуляции локальной сети
LEC	local exchange carrier	местная телекоммуникационная компания
LED	light-emitting diode	светодиод, светоизлучающий диод, СИД; световой индикатор
LEP	light-emitting polymer	светоизлучающий полимер
LET	logical equipment table	таблица логических устройств
lev	level	уровень; степень
LF	line feed	подача (протяжка) бумаги на одну строку, перевод строки
LFD	large fixed disk	большой несменяемый магнитный диск
LFN	long file names	длинные имена файлов
LFU	least frequently used	с наименьшей частотой использования *(алгоритм)*
LG	line generator	генератор линий; генератор строк
LHW	left half-word	левое полуслово
libr	librarian	библиотекарь
libr	library	библиотека

LIC	linear integrated circuit - линейная интегральная схема; аналоговая интегральная схема
LIF	logical interchange format - формат логического обмена
LIFO	last-in, first-out - магазинного типа; последним пришел - первым обслужен
LIM	line interface module - линейный интерфейсный модуль
lim	limit - предел, граница
LIM-EMS	Lotus-Intel-Microsoft expanded memory specification - спецификация расширенной (отображаемой) памяти фирм "Lotus", "Intel" и "Microsoft"
LIOCS	logical input/output control system - логическая система управления вводом-выводом, ЛСУВВ
LION	local integrated optical network - интегрированная оптическая локальная сеть
LIP	large internet packets - большие межсетевые пакеты
LIPS; lips	logical inferences per second - (число) логических выводов в секунду, липс *(единица производительности машины логического вывода пятого поколения)*
lit	literal - (литеральная) константа, литерал
lk	link - звено; связь; канал связи; линия связи; соединение
LL	line link - участок линии (передачи данных)
LL	loudness level - уровень громкости
LL	lower level - более низкий уровень
LL	low level - низкий уровень
LLC	logical link control - управление логическим звеном, УЛЗ

LLCP	Logical Link Control Protocol	- протокол управления логическим звеном
LLCS	logical link control sublayer	- подуровень управления логическим звеном
LLL	low level language	- язык низкого уровня
LLL	low level logic	- низкоуровневые логические схемы, логические схемы с низкими уровнями сигналов
LLM	life line mail	- живая почтовая линия
LME	layer management entity	- объект управления уровнем
LMI	layer management interface	- интерфейс управления уровнем
LMI	local management interface	- локальный интерфейс управления
LMP	LAN Management Protocol	- протокол управления локальной вычислительной сетью
ln	natural logarithm	- натуральный логарифм
lng	length	- длина, протяженность
LO	line occupancy	- коэффициент занятости линии
l/o	layout	- размещение; расположение; компоновка; схема расположения; план; чертеж; рисунок; макет; топология; разбивка; формат
LOB	large object	- большой объект
LOC	line of communication	- линия связи
loc	location	- местоположение; расположение; размещение; ячейка; адрес ячейки
LOCI	logarithmic computing instrument	- логарифмический вычислительный прибор
LOCMOS	local oxidation **MOS**	- МОП-структура с использованием локального окисления
log	common logarithm	- десятичный логарифм
log	logarithm	- логарифм

log **log**ic - логика; логическая часть, логический узел; логическая схема

LON **LA**N **o**uter **n**etwork - сеть, внешняя по отношению к данной локальной вычислительной сети

LON **l**ocal **o**perational **n**etwork - локальная операционная сеть

LONS **l**ocal **o**n-line **n**etwork **s**ystem - система из локальных сетей, работающих в реальном времени

LOS **l**oss **o**f **s**ignal - исчезновение (потеря) сигнала

LP **l**ight**p**en - световое перо

LP **l**inear **p**rogramming - линейное программирование

LPA **LA**N **p**erformance **a**nalyzer - анализатор производительности локальной вычислительной сети; анализатор пропускной способности локальной вычислительной сети

LPC **l**inear-**p**redictive **c**oding - кодирование методом линейного предсказания

LPC **l**ongitudinal **p**arity **c**heck - продольный контроль по четности

LPDTL **l**ow **p**ower **d**iode-**t**ransistor **l**ogic - маломощные диодно-транзисторные логические схемы, маломощные ДТЛ-схемы

L-pen **l**ight **pen** - световое перо

LPI; lpi **l**ines **p**er **i**nch - (число) строк на один вертикальный дюйм

LPM; lpm **l**ines **p**er **m**inute - (число) строк в минуту *(единица быстродействия печатающего устройства)*

LP-mode **l**ow-**p**ower **mode** - режим работы компьютера с низким потреблением питания

LPS; lps **l**ines **p**er **s**econd - (число) строк в секунду *(единица быстродействия печатающего устройства)*

LPSTTL low power Schottky transistor-transistor logic - маломощные транзисторно-транзисторные логические схемы с диодами Шотки, маломощные ТТЛШ-схемы
LPT line printer - построчный принтер, параллельный порт для принтера
LPTTL low power transistor-transistor logic - маломощные транзисторно-транзисторные логические схемы, маломощные ТТЛ-схемы
LQ letter quality - машинописное качество печати
LRC longitudinal redundancy check - продольный контроль по избыточности
LRPC lightweight remote procedure call - "облегченный" удаленный вызов процедуры; ограниченный удаленный вызов процедуры
LRU least-recently-used - с наиболее давним использованием *(алгоритм)*
LS least significant - наименее значащий, самый младший
LS less significant - менее значащий, младший
LS level switch - переключатель уровня
LSAPI licence server application programming interface - интерфейс прикладного программирования для сервера контроля лицензий
LSAPI licence service application programming interface - интерфейс прикладного программирования службы лицензирования
LSB least significant bit - самый младший (двоичный) разряд, наименьший значащий бит
LSC least significant character - знак самого младшего разряда
LSD least significant digit - цифра самого младшего разряда, наименьшая значащая цифра

LSI	large-scale integration - интеграция высокого уровня; большая интегральная схема, БИС
LSL	link support level - уровень поддержки канала передачи данных
LSL	low speed logic - медленнодействующие логические схемы
LSP	labelled security protection - меточная защита секретности
LSSD	level sensitive scan design - метод сдвиговых регистров
LSTTL	low power Schottky transistor-transistor logic - маломощные транзисторно-транзисторные логические схемы с диодами Шотки, маломощные ТТЛШ-схемы
LT	language translation - перевод с (одного) языка на (другой) язык
LT	less than - меньше *(операция сравнения)*
LT	link trailer - концевик звена передачи данных
LT	logic theory - математическая логика
LT computer	laptop computer - "наколенный" компактный компьютер
LTE	line terminal equipment - оконечная аппаратура линии
LTM	log transfer manager - администратор регистрации и рассылки изменений
L to R	left to right - слева направо
ltr	letter - буква; символ; знак; литера
LTRS	letters shift - переключение на регистр букв
LTU	line terminal unit - линейный терминал
LU	logical unit - логическое устройство
LUG	local user group - локальная группа пользователей
LUN	logical unit number - логический номер устройства

LUT local user terminal - абонентский пункт локальной связи
LUT look up table - таблица перекодировки; таблица преобразования
LV logical volume - логический том
LVM logical volume manager - администратор логических томов
LV-ROM LaserVision read only memory - неперезаписываемый лазерный диск
lyr layer - слой
LZW Lempel - Zev - Welch - Лемпел - Зив - Велч *(метод сжатия файлов)*

M

- **M** magnetic - магнитный
- **M** measure - мера; показатель; критерий; масштаб; делитель
- **M** mechanical - механический; машинный; автоматический
- **M** medium - среднее число; среда; носитель; средство, способ
- **M** mega- - мега-, 10^6
- **M** model - модель; образец
- **M** modulus - модуль, основание системы счисления; показатель степени; коэффициент
- **m** magnetic - магнитный
- **m** measure - мера; показатель; критерий; масштаб; делитель
- **m** mechanical - механический; машинный; автоматический
- **m** medium - среднее число; среда; носитель; средство, способ
- **m** milli- - милли-, 10^{-3}
- **M** model - модель; образец
- **M** modulus - модуль, основание системы счисления; показатель степени; коэффициент
- **MAA** message authentication algorithm - алгоритм идентификации сообщения
- **MAC** machine-aided cognition - обучение с помощью (вычислительной) машины
- **MAC** mandatory access control - полномочное управление доступом
- **MAC** Macintosh - компьютер фирмы "Apple"
- **MAC** medium access control - управление доступом к среде, УДС

MAC **m**essage **a**uthentication **c**ode - код аутентификации (подтверждения подлинности) сообщений

MAC **m**icroprocessor-**a**rray **c**omputer - вычислительная машина на основе матрицы микропроцессоров

MACH **m**odular **a**daptive **c**omputer **h**ardware - модульный адаптивный компьютер

mach **mach**ine - машина; механизм; устройство

MACK **m**aster **ack**nowledge - подтверждение главного абонента шины

MACP **M**edium **A**ccess **C**ontrol **P**rotocol - протокол управления доступом к среде

MACS **m**edium **a**ccess **c**ontrol **s**ublayer - подуровень управления доступом к среде

MACS **m**etropolitan **a**rea **c**ommunication **s**ystem - система связи крупного города

MAD **m**ulti**a**perture **d**evice, **m**ulti**p**le **a**perture **d**evice - многодырочный (магнитный) элемент

MADT **m**icroalloy **d**iffused (-base) **t**ransistor - микросплавной диффузионный транзистор

MAF **m**ainframe **f**acility - центральная ЭВМ

MAG **m**etropolitan **a**rea **g**ateway - региональный шлюз

mag **mag**azine - карман; магазин; приемник

mag **mag**netic - магнитный

maint **maint**enance - техническое обслуживание; эксплуатация; сопровождение

MAN **m**edium **a**rea **n**etwork - региональная (зоновая) сеть

MAN **m**etropolitan **a**rea **n**etwork - городская (столичная) вычислительная сеть, ГВС

man **man**ual - руководство; инструкция; описание; ручной, с ручным управлением

MANOP manual operation - ручная операция; работа вручную

MAN WG metropolitan area network working group - рабочая группа городской (столичной) сети

MAOS metal-alumina-oxide-semiconductor - МОП-структура с изоляцией из окиси кремния и окиси алюминия

MAP macroassembly program - программа на языке макроассемблера

MAP Manufacturing Automation Protocol - протокол автоматизации производства

MAP modular acoustic processor - модульный акустический процессор

MAPI messaging application programming interface - интерфейс прикладного программирования

MAPSE Minimal Ada Programming Support Environment - минимальная среда программирования на языке Ада

marg margin - запас (регулирования); пределы рабочего режима; край; грань; поле

MAS metal-alumina-semiconductor - структура металл - окись алюминия - полупроводник, МАП-структура

MASM Microsoft macro assembler - макроассемблер компании "Microsoft"

MAT machine-aided translation - машинный перевод

MAT microalloy transistor - микросплавной транзистор

mat matrix - матрица; дешифратор; сетка (из) резисторов

math mathematical - математический

math mathematics - математика

MAU medium attachment unit - блок доступа к среде, БДС

MAU **m**ulti**p**ort **a**ccess **u**nit - многопортовое устройство доступа

MAU **m**ultitasking **a**ccess **u**nit - устройство множественного доступа

max **max**imum - максимум; максимальное значение; максимальное количество

MB **m**ega**b**yte - мегабайт (2^{20} байт)

MB **m**other **b**oard - системная (материнская) плата

M-B **m**ake-**b**reak - с замыканием и размыканием

MBM **m**agnetic **b**ubble **m**emory - память (запоминающее устройство) на ЦМД, ЦМД-память

Mbps **m**ega**b**its **p**er **s**econd - (число) мегабит в секунду, миллион бит в секунду (единица скорости передачи данных)

MBR **m**aster **b**oot **r**ecord - главная загрузочная запись; первичный загрузчик диска

mbr **m**em**b**e**r** - элемент; член уравнения

MBS **m**ulti**d**ata**b**ase (management) **s**ystem - система управления мультибазами данных, СУМБД

Mbyte **m**ega**byte** - мегабайт (2^{20} байт = 1048576 байт)

MC **m**agnetic **c**ore - магнитный сердечник

MC **m**agnetic**c**ore - на магнитных сердечниках

Mc **m**ega**c**ycle - мегацикл, миллион периодов; мегагерц, Мгц

mc **m**i**c**ro**c**ircuit - микросхема

MCA **m**edia **c**ontrol **a**rchitecture - архитектура управления средой

MCA **m**icro **c**hannel **a**rchitecture - микроканальная архитектура

MCA **m**ulti**p**rotocol **c**ommunications **a**dapter - адаптер многопротокольного канала связи

M-card **m**ulti**card** - многофункциональная плата

MCB **m**emory **c**ontrol **b**lock - блок управления памятью

MCC man-computer communication - человеко-машинное взаимодействие

MCGA multicolor graphics adapter - многоцветный графический адаптер

MCI media control interface - интерфейс управления средой

MCP master control program - главная управляющая программа

MCP message control processor - процессор управления сообщениями

MCPS Microsoft certified product specialist - сертифицированный специалист по продуктам компании "Microsoft"

MCS message control system - система контроля сообщения

MCSE Microsoft certified system engineer - сертифицированный системный инженер "Microsoft"

Mc/s megacycle per second - мегагерц, Мгц

MCU main control unit - основной блок управления

MD management domain - домен управления

M-D modulation-demodulation - модуляция-демодуляция

M-D modulator-demodulator - модулятор-демодулятор, модем

MDA monochrome display adapter - адаптер монохромного дисплея

MDC multi-device controller - контроллер нескольких периферийных устройств

MDI medium dependent interface - интерфейс, зависящий от среды передачи данных

MDI multiple document interface - интерфейс с многими документами, многодокументный интерфейс

M-display **m**onochrome **display** - монохромный дисплей

MDK **m**ultimedia **d**evelopment **k**it - мультимедийный набор инструментальных средств

MDR **m**edium **d**ata **r**ate - средняя скорость передачи данных

MDS **m**icroprocessor **d**evelopment **s**ystem - система разработки микропроцессоров

MDS **m**ultiple **d**ata-set **s**ystem - комплекс аппаратуры передачи данных

MDTL **m**odified **d**iode-**t**ransistor **l**ogic - модифицированные диодно-транзисторные логические схемы, модифицированные ДТЛ-схемы

MDTL **M**otorola **d**iode-**t**ransistor **l**ogic - диодно-транзисторные логические схемы (ДТЛ-схемы) фирмы "Моторола"

ME **m**edia **e**ngine - процессор среды

mech **mech**anical - механический; машинный; автоматический

mech **mech**anism - механизм; устройство; прибор; аппарат

MECL **M**otorola **e**mitter-**c**oupled **l**ogic - логические схемы с эмиттерными связями фирмы "Моторола"

MECTL **m**ulti**e**mitter-**c**oupled **t**ransistor **l**ogic - транзисторные логические схемы с многоэмиттерным входным транзистором

med **med**ian - медиана, среднее значение выборки; средний

med **med**ium - среднее число; средний; среда; носитель; средство; способ

MEGC **m**e**g**a**c**ycle - мегацикл, миллион периодов; мегагерц, Мгц

mem **mem**ory - память, запоминающее устройство, ЗУ

MESFET **me**talized **s**emiconductor **f**ield-**e**ffect **t**ransistor - канальный (полевой, униполярный) транзистор с затвором, образованным контактом Шотки

MET **m**emory **e**nhancement **t**echnology - технология расширения памяти

METL **m**ulti**e**mitter **t**ransistor **l**ogic - логические схемы с многоэмиттерными транзисторами

MF **m**icro**f**iche - микрофиша

mf **m**icro**f**ilm - микрофильм

MFLOPS **m**illion **fl**oating **p**oint **o**perations per **s**econd - миллион операций с плавающей запятой в секунду, мегафлоп/с

MFM **m**odified **f**requency **m**odulation - модифицированная фазовая модуляция, МФМ

MFSS **M**ilitary and **F**ederal **S**pecifications and **S**tandards - военные и федеральные стандарты и спецификации *(США)*

MFT **m**ultiprogramming with a **f**ixed number of **t**ask - пакетный мультипрограммный режим с постоянным числом задач

MFWS **m**ulti**f**unction **w**ork**s**tation - многофункциональная рабочая станция

mg **m**ar**g**inal - предельный

MGA **m**ultimedia **g**raphics **a**rchitecture - графическая архитектура мультимедиа

MGT **m**etal-**g**ate **t**ransistor - транзистор с металлическим затвором

MHS **m**essage **h**andling **s**ystem (service) - система (служба) обработки сообщений

Mhz **m**ega**h**ertz - мегагерц, Мгц

MI	**m**achine **i**nterface - машинный интерфейс
MI	**m**icro**i**mage - микроизображение
MI	**m**icro**i**nstruction - микрокоманда
MIB	**m**anagement **i**nformation **b**ase - база управляющей информации
MIC	**m**edium **i**nterface **c**onnector - интерфейсный соединитель со средой *(соединитель для подключения терминала к интерфейсу шины)*
MIC	**m**icroelectronic **i**ntegrated **c**ircuit - микроэлектронная интегральная схема
MIC	**m**onolithic **i**ntegrated **c**ircuit - монолитная интегральная схема
MIC	**M**ultimedia **I**nteractive **C**ontrol - "Мультимедийное интерактивное управление" *(авторская система фирмы "Videologic")*
MICR	**m**agnetic **i**nk **c**haracter **r**ecognition - распознавание магнитных знаков *(написанных магнитными чернилами)*
micromin	**micromin**iature - микроминиатюрный
micromin	**micromin**iaturization - микроминиатюризация
MIDI	**m**usical **i**nstrument **d**igital **i**nterface - цифровой интерфейс электромузыкальных инструментов
MIF	**m**anagement **i**nformation **f**ile - файл административной информации
MIL	**m**achine-**i**ndependent **l**anguage - машинно-независимый язык
MILP	**m**ixed **i**nteger **l**inear **p**rogramming - частично-целочисленное (линейное) программирование, ЧЦЛП
MIMD	**m**ultiple-**i**nstruction, **m**ultiple **d**ata - с множеством потоков команд и множеством потоков данных *(об архитектуре ЭВМ)*

MIME multipurpose Internet mail extension - многофункциональное расширение системы электронной почты сети Internet

MIN multipath interconnection network - сеть с обходными путями

MIO modular input/output - модульный ввод-вывод

MIPS; mips million instructions per second - миллион команд в секунду

MIS management information system - управленческая информационная система, УИС

MIS manager of information system - администратор информационной системы

MIS metal-insulator-semiconductor - структура металл - диэлектрик - полупроводник, МДП-структура

MISC minimum instruction set computer - компьютер с минимальным набором инструкций

misc miscellaneous - смешанный, неоднородный

MISD multiple-instruction, single-data - с множеством потоков команд и одним потоком данных *(об архитектуре ЭВМ)*

MISFET metal insulator semiconductor field-effect transistor - канальный (полевой, униполярный) МДП-транзистор

MIT master instruction tape - главная программная лента

MIW multimedia integrated workstation - мультимедийная комплексная рабочая станция

mk mark - метка, маркер; отметка; знак

MkDir make directory - создать новый каталог *(команда)*

mkg marking - обозначение, маркировка; отметка; разметка

ML machine language - машинный язык
ML metalanguage - метаязык
MLAN multichannel local area network - многоканальная локальная вычислительная сеть
MLB multilayer board - многослойная печатная плата, МПП
MLC micrologic circuit - логическая микросхема
MLC multi-line controller - многоканальный контроллер
MLE maximum likelihood estimate - оценка максимального правдоподобия
MLIC multiple-launch instruction computer - компьютер с запуском многих команд
MLID multiple link interface driver - многоканальный интерфейсный драйвер
MLN multilayer notebook - "многослойный" ноутбук *(портативный компьютер, обладающий возможностью гибкого конфигурирования системы в зависимости от текущих потребностей пользователя)*
MLP multiline procedure - многоканальная процедура
MLP multiunit licence pack - многомашинная лицензия
MLPCB multilayer printed circuit board - многослойная печатная плата, МПП; плата с многослойным печатным монтажом
MLR memory lockout register - регистр (хранения) кода защиты памяти
MLR multiply and round - умножить с округлением *(название команды)*
MLS multilevel security - многоуровневая защита данных
MM mass memory - массовая память

MM megamega- - тера-, 10^{12}
MM multimedia - мультимедиа
MMA MIDI Manufacturers Association - Ассоциация производителей MIDI
mmc megamegacycle - терацикл; терагерц, Тгц
MMD multimedia document - мультимедиа-документ
MMDC Microsoft multimedia developers conference - конференция разработчиков мультимедиа-средств по стандартам компании "Microsoft"
MME Microsoft mail extensions - расширение электронной почты компании "Microsoft"
M-media multimedia - мультимедиа
MMF multimedia movefile format - формат перемещения файлов в мультимедиа-системах
MMI man-machine interface - человекомашинный интерфейс
MML multidatabase manipulation language - язык манипулирования мультибазами данных
MMMF multimedia movefile format - формат перемещения файлов мультимедиа
mmp multiminiprocessor - мультиминипроцессорный
MMPM multimedia presentation manager - менеджер мультимедиа представлений
MMU memory management unit - диспетчер памяти, устройство управления памятью
MNOS metal-nitride-oxide-semiconductor - структура металл - нитрид - оксид - полупроводник, МНОП-структура
MNP Microcom Networking Protocol - сетевой протокол фирмы "Microcom"
MNS metal-nitride-semiconductor - структура металл - нитрид - полупроводник
mntr monitor - монитор

MO music objects - музыкальные объекты
M-O magneto-optical - магнитооптический *(носитель)*
M-O magneto-optics - магнитооптика
MOB movable object block - перемещаемый объект фрагмента; спрайт
MOD magneto-optical disk - магнитооптический диск
mod model - модель; образец
mod modification - модификация; модифицирование; переадресация
mod modular - модульный
mod module - модуль, блок
mod modulus - модуль, основание системы счисления; показатель степени; коэффициент
mod/demod modulation/demodulation - модуляция - демодуляция
mod/demod modulator/demodulator - модулятор - демодулятор, модем
MODEC modem and codec - модек *(интеграция модема и кодека)*
modem modulator - demodulator - модулятор - демодулятор, модем
MOE measure of effectiveness - критерий эффективности
MOLP Microsoft open license pack - соглашение на использование программного обеспечения компании "Microsoft" в пределах компании
mon monitor - монитор
MONOS metal-oxide-nitride-oxide-semiconductor - структура металл - оксид - нитрид - оксид - полупроводник, МОНОП-структура
MOS metal-oxide-semiconductor - структура металл - оксид - полупроводник, МОП-структура
MOs music objects - музыкальные объекты

MOSAIC **m**etal-**o**xide-**s**emiconductor **a**rray **i**ntegrated **c**ircuit - матричная БИС на МОП-транзисторах

MOSFET **m**etal-**o**xide-**s**emiconductor **f**ield-**e**ffect **t**ransistor - канальный (полевой, униполярный) МОП-транзистор

MOS LSI **m**etal-**o**xide-**s**emiconductor **l**arge-**s**cale **i**ntegrated (circuit) - БИС на МОП-транзисторах

MOST **m**etal-**o**xide-**s**emiconductor **t**ransistor - МОП-транзистор, транзистор с МОП-структурой

MOTIS **m**essage **o**riented **t**ext **i**nterchange **s**ystem - система обмена текстовой информацией, ориентированная на передачу сообщений

MP **m**aintenance **p**oint - (контрольная) точка регулировки при профилактике

MP **m**andatory **p**rotection - полномочная защита

MP **m**athematical **p**rogramming - математическое программирование

MP **m**icro**p**rocessor - микропроцессор

MP **m**inimal **p**rotection - минимальная защита

MP **m**ulti**p**rocessing - мультипроцессорная обработка

MPC **m**essage-**p**assing **c**oprocessor - сопроцессор передачи сообщений

MPC **m**ultimedia **p**ersonal **c**omputer - мультимедийный персональный компьютер

MPC **m**ulti-**p**urpose **c**ommunications - многоцелевая система связи; многоцелевые коммуникации

MPCC **M**ultimedia **P**ersonal **C**omputer **C**ouncil - Совет по мультимедийным персональным компьютерам

MPCC **m**ulti**p**rotocol **c**ommunicational **c**ontroller - многопротокольный связной контроллер

MPEG moving pictures expert group - группа экспертов по кино *(разрабатывает стандарты на методы сжатия видеоизображений, передающих движение)*; стандарт MPEG

MPL multischedule private line - мультирежимная частная линия связи

MPLA mask programmable logic array - логическая матрица с масочным программированием, масочно-программируемая логическая матрица, МПЛМ

M-port mouse-port - порт "мыши"

MPP massively parallel processing - обработка данных с массовым параллелизмом

MPP massively parallel processor - процессор с массовым параллелизмом; процессор с полным параллелизмом операций

MPR multi-protocol router - многопротокольный маршрутизатор

MPR multi-protocol routing - многопротокольная маршрутизация

MPS microprocessor system - микропроцессорная система

MPS multiprocessor specification - спецификация мультипроцессорных систем

MPS multiprocessor system - многопроцессорная система

MPS microprogramming system - система с мультипрограммированием

MP-system multiprocessor system - многопроцессорная система

MPTN multiprotocol transport network - многопротокольная сеть передачи данных

MPU microprocessor unit - блок микропроцессора; микросхема микропроцессора

MPW Macintosh programmer's workshop - мастерская программиста Macintosh

Mpx musical performance expression - музыкальное выражение

mpx multiplex - мультиплексная передача; мультиплексный

mpxr multiplexer - мультиплексор

mpy multiply - умножать

MQI message queue interface - интерфейс очередей сообщений

MQR multiplier-quotient register - регистр множителя - частного

MR memory reclaimer - модуль восстановления памяти

MR memory register - регистр памяти

MR modem ready - "модем готов" *(индикатор)*

MRAC model reference adaptive control - адаптивное управление с эталонной моделью

MRCI Microsoft real-time compression interface - интерфейс сжатия данных в реальном времени компании "Microsoft"

MREQ master request - запрос главного абонента шины

mrkd marked - отмеченный; маркированный; размеченный

MRO maintenance, repair, operating - профилактика, ремонт, эксплуатация

MRTL Motorola resistor-transistor logic - резисторно-транзисторные логические схемы (РТЛ-схемы) фирмы "Моторола"

MS magnetic storage - магнитное запоминающее устройство

MS main storage - основная память; оперативная память

MS	**m**ean-**s**quare - среднеквадратический
MS	**m**essage **s**tore - хранилище сообщений
MS	**M**icro**s**oft - американская компания, ведущий разработчик программных средств
ms	**m**e**s**a- - меза-
ms	**m**ore **s**ignificant - более значащий, старший
ms	**m**ost **s**ignificant - наиболее значащий, самый старший

MSAU multi**s**tation **a**ccess **u**nit - устройство многостанционного доступа

MSAV Microsoft **A**nti-**V**irus - антивирусная программа компании "Microsoft"

MSB most **s**ignificant **b**it - самый старший (двоичный) разряд; наибольший значащий бит

MSC most **s**ignificant **c**haracter - знак самого старшего разряда

MSCDEX Microsoft **CD Ex**tensions - программа-дополнения компании "Microsoft" для работы CD-ROM-проигрывателя

MSCG Multimedia and **S**upercomputing **C**omponents **G**roup - Группа фирмы "Intel" по разработке компонент для мультимедиа-систем и сверхбыстрых вычислений

MSCS material **s**ervice **c**ontrol **s**ystem - контроль за материальными ресурсами

MSD most **s**ignificant **d**igit - цифра самого старшего разряда; цифра самого старшего значащего разряда; самый старший разряд; наибольшая значащая цифра

MS DOS Microsoft **d**isk **o**perating **s**ystem - дисковая операционная система компании "Microsoft"

MSE mean-**s**quare **e**rror - среднеквадратическая ошибка

msec millisecond - миллисекунда, мс
msg message - сообщение; посылка; передаваемый блок информации
msg/wtg message waiting - ожидание сообщения
MSH multiservice hub - многоцелевой концентратор
MSI medium-scale integration - интеграция среднего уровня; средняя интегральная схема, СИС
MSL mirrored server link - канал для соединения зеркальных серверов
MSLAN multiservice local area network - многофункциональная локальная вычислительная сеть
MSN multiservice network - многофункциональная сеть
MSNF multi systems network facility - многосистемный сетевой комплекс
MSP medium speed printer - принтер среднего быстродействия
MSR machine state register - регистр состояния машины
MSS mass storage system - массовое запоминающее устройство
MST monolithic systems technology - технология (изготовления) монолитных интегральных схем
MSU modem sharing unit - устройство разделения модема
MSW machine status word - статусное слово микропроцессора
MT machine translation; mechanical translation - автоматический перевод
MT magnetic tape - магнитная лента
MT magnetic-tape - на магнитной ленте
mt mount - крепление; держатель; патрон

MTA message transfer agent - агент передачи сообщений

MTBDL mean time between data loss - среднее время между потерями данных

MTBE mean time between errors - средняя наработка на ошибку, среднее время безошибочной работы

MTBF mean time between failures - среднее время наработки на отказ, СВНО; среднее время между сбоями, СВМС

MTBSF mean time between system failure - среднее время между системными отказами

MTF Microsoft tape format - формат магнитной ленты компании "Microsoft"

mthd method - метод; способ

MTI message transmission index - показатель верности передачи сообщений

MTL merged transistor logic - логические схемы с совмещенными транзисторами

MTN message transfer network - сеть передачи сообщений

MTNS metal-thick nitride-silicon - кремниевая МОП-структура с изоляцией нитридом кремния

MTNT multiple technology network testbed - технологический объект для испытания сети

MTOS metal-thick oxide-silicon - кремниевая МОП-структура с толстым изолирующим слоем

MTS magnetic tape station - (запоминающее) устройство на магнитной ленте

MTS message tool (transfer) service - служба передачи сообщений

MTS message transfer system - система передачи сообщений

MTTC mean time to crash - среднее время до выхода из строя

MTTD mean time to detect - среднее время обнаружения

MTTF mean time to failure - среднее время до отказа

MTTR mean time to repair - средняя наработка до ремонта

MTU magnetic tape unit - блок магнитной ленты

MUD Multi-User Dungeon - "Многопользовательское подземелье" *(название многопользовательской ролевой компьютерной игры)*

MUI media user interface - интерфейс пользователя для доступа к среде передачи данных

mul multiply - умножить (название команды)

muldem multiplexer/demultiplexer - мультиплексор-демультиплексор

mult multiple - кратное (число); многократный; множественный, многочисленный

mult multiplication - умножение, перемножение

mult multiplier - множитель; сомножитель; устройство умножения; блок перемножения; множительный элемент, множительное звено

MUX multiplexing - мультиплексирование

mux multiplex - мультиплексная передача; мультиплексный

mux multiplexer - мультиплексор

MV mean value - среднее значение

MV measured value - измеренная величина

MVA multivendor architecture - архитектура многих поставщиков

MVS multiple virtual storage - многосегментная виртуальная память

MVT multiprogramming with a variable number of task - пакетный мультипрограммный режим с переменным числом задач

mxd mixed - смешанный

my myria- - мириа-, 10^4

n nano- - нано-, 10^{-9}
NA numerical aperture - окно цифровой индикации
NAC network access controller - контроллер доступа к сети
NAC null-attached concentrator - автономный концентратор
NACS NetWare asynchronous communications server - асинхронный коммуникационный сервер NetWare *(компании "Novell")*
NAEC Novell Authorized Education Center - Авторизованный учебный центр компании "Novell"
NAF network access facility - средства доступа к сети
NAK negative acknowledge - отсутствие подтверждения приема
NAM network access machine - механизм доступа к сети
NAM network access method - метод доступа к сети
NAN not a number - не число
NAP National Account Program - Национальная программа расчетов
NAP network access processor - процессор обеспечения доступа к сети
NAPI network application program interface - сетевой интерфейс прикладного программирования
NAR Novell authorized reseller - авторизованный реселлер компании "Novell"
NAS network application support - поддержка сетевых приложений
NAS node address switch - переключатель адреса узла

205

NASI NetWare asynchronous services interface - асинхронный служебный (системный) интерфейс NetWare

NAT network address translation - трансляция сетевых адресов

NAU network addressable unit - адресуемый элемент сети

NAUN nearest active upstream neighbour - ближайший активный соседний узел связи

NBS National Bureau of Standards - Национальное бюро стандартов *(США)*

NBS network banking systems - сетевые банковские системы

NC network connect - сигнал подключения к сети

NC network control - управление сетью

NC network coordinator - координатор сети

NC no connection - отсутствие соединения

NC normally closed - нормально замкнутый

NC; N/C numerical control - числовое программное управление, ЧПУ

NCA National Communication Association - Национальная ассоциация связи *(США)*

NCC network control center - центр управления сетью, ЦУС

NCGA National Computer Graphics Association - Национальная ассоциация по компьютерной графике *(США)*

NCIP Novell Certified Internet Professional - сертифицированный специалист в области Internet-технологий компании "Novell"

NCL network control language - язык управления сетью

NCP NetWare Core Protocol - протокол ядра NetWare *(компании "Novell")*

NCP Network Control Protocol - протокол управления сетью

NCS network computer system - сетевая компьютерная система *(протокол)*

NCSA National Center for Supercomputing Application - Национальный центр по применению суперкомпьютеров *(США)*

NCSA National Computer Security Association - Национальная ассоциация по компьютерной безопасности *(США)*

NCSC National Computer Security Center - Национальный центр компьютерной безопасности *(США)*

ND no data - без даты

ND no detect - необнаруженный

NDA non disclosure agreement - соглашение о неразглашении

NDBS network database system - сетевая система управления базой данных, сетевая СУБД

NDD network data driver - сетевой передатчик данных

NDE nonlinear differential equation - нелинейное дифференциальное уравнение

NDFA nondeterministic finitestate automaton - недетерминированный конечный автомат, НДКА

NDIS network device interface specification - спецификация интерфейса с сетевым устройством

NDIS network driver interface specification - спецификация интерфейсного сетевого драйвера

NDL network description language - язык описания сетевых задач

NDM normal disconnected mode - нормальный разъединенный режим

NDPS National Data Processing Service - Национальная служба по обработке данных *(Великобритания)*

NDR(O) **n**on**d**estructive **r**ead**o**ut - неразрушающее чтение; считывание без разрушения (информации)

NDS **N**et**W**are **d**irectory **s**ervices - служба каталогов операционной системы NetWare

NDS **N**ovell **d**irectory **s**ervices - служба каталогов компании "Novell"

NDT **n**on**d**estructive **t**esting - неразрушающее испытание

NEA **ne**twork **a**rchitecture - архитектура сети, сетевая архитектура

NEAT **N**ovell **e**asy **a**dministration **t**ool - инструментарий легкого администрирования компании "Novell"

NEC **N**ippon **E**lectric **C**ompany - Японская электрическая компания *(производитель компьютерной и электронной техники)*

neg **neg**ative - отрицательная величина; отрицание; отрицательный; негатив; негативный

NEP **n**etwork **e**ntry **p**oint - точка входа в сеть

NES **n**ot **e**lsewhere **s**pecified - без определения в другом месте *(о переменных в программе)*

NEST **N**ovell **e**mbedded **s**ystems **t**echnology - технология встроенных систем компании "Novell"

NetBEUI **NETBIOS** **e**xtended **u**ser **i**nterface - расширенный пользовательский интерфейс сетевой BIOS

NETBIOS **net**work **b**asic **i**nput/**o**utput **s**ystem - сетевая базовая система ввода-вывода

NEWS **n**etwork **e**xtensible **w**indow **s**ystem - сетевая расширяемая оконная система

NFS **n**etwork **f**acsimile **s**ervice - сетевая служба факсимильной связи

NFS	**N**etwork **F**ile **S**tandard - стандартный протокол сетевых файлов
NFS	**n**etwork **f**ile **s**ystem - сетевая файловая система
NIC	**n**etwork **i**nformation **c**enter - информационный центр сети
NIC	**n**etwork **i**nterface **c**ard/**c**ontroller - сетевая интерфейсная плата, сетевой контроллер
NICA	**N**ovell **i**ntegrated **c**omputing **a**rchitecture - интегрированная вычислительная архитектура компании "Novell"
NICE	**n**atural **i**nterface for **c**omputing **e**nvironment - естественный интерфейс вычислительных сред
NID	**n**etwork **i**nformation **d**atabase - сетевая информационная база данных
NID	**n**etwork **i**nterface **d**evice - устройство сопряжения с сетью
NIF	**n**ode **i**nformation **f**rame - фрейм информации об узле
NIM	**n**etwork **i**nterface **m**odule - сетевой интерфейсный модуль
NIOS	**N**etWare **i**nput/**o**utput **s**ystem - система ввода-вывода NetWare
NIP	**n**uclear **i**nitialization **p**rogram - программа инициализации ядра
NIPO	**n**egative **i**nput - **p**ositive **o**utput - с отрицательным входным и положительным выходным сигналами
NIR	**n**ormalized **i**nformation **r**ate - стандартизированная скорость передачи информации
NIS	**n**etwork **i**nformation **s**ervice - сетевая информационная служба
NISA	**n**ew **i**nformation **s**ervices **a**rchitecture - новая архитектура информационных услуг

NIST National Institute of Standards and Technology - Национальный институт стандартов и технологии *(США)*

NITT new information telecommunication technology - новая информационная телекоммуникационная технология

NL new line - новая строка

NLM NetWare loadable module - загружаемый модуль NetWare

NLP natural language processing - обработка текста на естественном языке

NLQ-mode near letter quality mode - режим качественной печати *(матричного принтера)*

NLS national language support - поддержка национальных языков

NLS network license server - сервер контроля сетевых лицензий

NLS network licensing system - система лицензирования сети

NLS nonlinear smoothing - нелинейное сглаживание

NLSFUNC nationals functions - команда загрузки специфической для данной страны информации

NLSP NetWare Link Service Protocol - протокол обслуживания связей NetWare

NM network management - управление сетью

NM not measured - неизмеряемый

NMC network management center - центр управления сетью, ЦУС

NMC networked multimedia connection - сетевая мультимедийная связь

NMC null modem cable - "нуль-модемный" кабель"

NMH nickel-metal-hydride - никель - металл - гидрид

NMI non-maskable interrupt - немаскируемое прерывание

NMO network management option - средства сетевого управления

NMOS n-channel metal-oxide semiconductor - n-канальный МОП-прибор

NMRQ non-master request - запрос от исполнителя

NMS network management system - система управления сетью

NNCP network node control point - пункт управления узлами сети

NNI network node interface - интерфейс "сеть - узел"

NNI network-to-network interface - межсетевой интерфейс

NNLS no nonsense licence statement - "отнюдь не абсурдное лицензионное заявление"

NNM network node manager - администратор управления узлами сети

NNRP Network News Reading Protocol - протокол для чтения сетевых новостей

NNS NetWare naming service - служба имен NetWare

NNTP Network News Transfer Protocol - протокол передачи новостей по сети

NO normally open - нормально разомкнутый

no. number - число; номер; цифра; шифр

NOC network operation center - центр управления сетью

NOIBN not otherwise indexed by name - без иных указаний имени

nom nomenclature - система (условных) обозначений

nom nominal - номинальный; именной

no-op **no-op**eration - холостая команда
NOP **N**etwork **O**perational **P**rotocol - рабочий протокол обслуживания сети
NOP **no-op**eration - пустая команда
NOS **n**etwork **o**perating **s**ystem - сетевая операционная система
NP **n**etwork **p**rovider - провайдер сети
NPA **N**et**W**are **pe**ri**p**heral **a**rchitecture - архитектура периферийных устройств NetWare
NPC **n**on**p**rintable **c**haracter - непечатаемый знак
NP code **n**on**p**rint **code** - код запрета печати
NPDU **n**etwork **p**rotocol **d**ata **u**nit - блок протокольных данных сетевого уровня
NPESA **N**ational **P**rinting **Equi**pment **a**nd **S**upply **As**sociation - Национальная ассоциация печатного оборудования и поставок *(США)*
NPN **n**egative-**p**ositive-**n**egative - n-p-n (тип транзистора или структуры)
NPRZ **n**on-**p**olarized **r**eturn-to-**z**ero - неполяризованный, с возвращением к нулю
NPS **n**etwork **p**rinting **s**ervice - сетевая служба печати
NPS **n**etwork **p**rocessing **s**ystem - система сетевой обработки
NQR **n**ormalized **q**uality **r**atio - нормализованный показатель качества
nr **n**umbe**r** - число; номер; цифра; шифр
NRE **n**egative **r**esistance **e**lement - элемент с отрицательным сопротивлением
NREN **N**ational **R**esearch and **E**ducation **N**etwork - Национальная научно-исследовательская и образовательная сеть
NRM **n**ormal **r**esponse **m**ode - режим нормального ответа

nrm	**nor**malize - нормализовать
NRS	**n**etwork **r**esource **s**erver - сервер распределения сетевых ресурсов
NRZ	**n**on**r**eturn-to-**z**ero - без возвращения к нулю, БВН
NRZI	**n**on**r**eturn-to-**z**ero, **i**nverted - без возвращения к нулю с инверсией
NRZ-M	**n**on**r**eturn-to-**z**ero **m**ark - метка записи без возвращения к нулю
NS	**n**ame **s**ervices - служба именования
NS	**n**ational **s**tandard - национальный стандарт
NS	**n**ot **s**pecified - не определенный техническими условиями; без спецификации
NSB	**n**on-**s**ystem **b**ootstrap - внесистемный загрузчик
NSC	**N**etwork **S**ecurity **C**enter - Центр по защите сетей
NSC	**n**etwork **s**witching **c**enter - коммутационный центр сети
NSE	**n**etwork **s**upport **e**ncyclopedia - энциклопедия поддержки сети
nsec	**n**a**n**o**sec**ond - наносекунда, нс
NSF	**N**ational **S**cience **F**oundation - Национальный научный фонд *(США)*
NSF	**n**on **s**tandard **f**acilities - кадр нестандартных возможностей
NSM	**n**etware **s**ervices **m**anager - сетевые управляющие программы
NSP	**n**ative **s**ignal **p**rocessing - обработка сигналов с использованием ресурсов центрального процессора
NSP	**N**etwork **S**ervices **P**rotocol - протокол сетевого обслуживания
NSS	**n**on **s**tandard **f**acilities **s**etup - кадр установки нестандартных возможностей

NSTL	National Software Testing Laboratories - Национальная лаборатория по тестированию программных средств *(США)*	
NSV	nonautomatic self-verification - неавтоматический контроль	
NT	nested task - вложенная задача	
NT	network terminal - сетевой терминал	
NT	network termination - сетевая оконечная станция	
NT	new technology - "новая технология" *(операционная система Windows NT)*	
NT	no transmission - отсутствие передачи	
NTAS	Windows NT advanced server - усовершенствованный сервер Windows NT	
NTCB	network trusted computing base - сетевая достоверная вычислительная база, СДВБ	
NTS	Novell technical support - техническая поддержка компании "Novell"	
NTS	Novell technical services - техническая служба компании "Novell"	
NTSC	National Television Systems Committee - Национальный комитет телевизионных систем; стандарт NTSC *(формат цветного телевидения, принятый в США и Японии)*	
NTU	network terminating unit - оконечный комплект сети, ОКС	
NU	Norton Utilities - пакет программ "Утилиты Нортона"	
NUG	national user group - национальная группа пользователей	
NUI	NetWare Users International - Международная ассоциация пользователей NetWare	
NUI	network user identifier - идентификатор пользователя сети, ИПС	

NUL **nul**l - нуль; нулевой; отсутствие информации; неопределенное значение; пустой, несуществующий

num **num**eral - цифра; цифровой; числовой; нумерал; числительное

num **num**erator - числитель (дроби); нумератор, счетчик

num **num**eric - цифровой; числовой

NUMA **n**on-**u**niform **m**emory **a**rchitecture - архитектура распределенной разделяемой памяти

NURBS **n**on-**u**niform **r**ational **B**-**s**pline - неоднородный рациональный B-сплайн

NVA **n**etwork **v**ideo **a**rchitecture - сетевая видеоархитектура

NV RAM **n**on-**v**olatile **RAM** - энергонезависимая оперативная память

NV ROM **n**on-**v**olatile **r**ead-**o**nly **m**emory - энергонезависимая постоянная память

NVS **n**on-**v**olatile **s**torage - энергонезависимое запоминающее устройство

NVT **N**etWare **v**irtual **t**erminal - виртуальный терминал NetWare

NVT **n**etwork **v**irtual **t**erminal - виртуальный терминал сети

NVT **N**ovell **v**irtual **t**erminal - виртуальный терминал компании "Novell"

NXM **n**on-**e**xistent **m**emory - несуществующая область памяти

215

OA office automation - автоматизация учрежденческой деятельности (делопроизводства)

OACS open architecture CAD system - система автоматизированного проектирования с открытой архитектурой

OAW optically assisted Winchester - "винчестер" с применением оптики

OB output buffer - выходной буфер; буферное запоминающее устройство на выходе

OBEX object exchange - обмен объектами; средство обмена объектами

OBIOS open BIOS - открытая базовая система ввода-вывода

objv objective - цель; задание; (техническое) требование

obv obverse - лицевая сторона

OC office communication - учрежденческая связь

OC office computer - офисный компьютер

OC operating characteristic - рабочая характеристика; эксплуатационная характеристика

OC operational computer - функционирующий компьютер

O/C open circuit - разомкнутая цепь; разомкнутый контур

O/C open-circuit - в режиме холостого хода

OCA open communication architecture - открытая архитектура связи

OCDU optic coupling display unit - дисплей, подключаемый с помощью волоконно-оптической линии

OCE open collaboration environment - среда открытого сотрудничества

OCF object component framework - структура объектных компонентов

OCLC Ohio College Library Center - Библиотечный центр колледжа Огайо *(г. Дублин штата Огайо, система First Search)*

OCR optical character reader - оптическое устройство (для) считывания знаков, устройство (для) оптического считывания знаков; читающий автомат

OCR optical character recognition - оптическое распознавание символов

OCS office communication system - учрежденческая система связи

oct octal - восьмеричный

OD optical disk - оптический диск

ODA office document architecture - архитектура учрежденческой документации

ODAPI open database application programming interface - открытый интерфейс прикладного программирования баз данных

ODBC open database connectivity - интерфейс открытого сопряжения баз данных *(интерфейс для доступа к базам данных из прикладных программ Windows)*

ODBS optical disc-based system - система на оптических дисках

ODD optical disk drive - накопитель на оптических дисках

ODDD optical digital data disc - оптический диск для цифровых данных

ODI open data link interface - открытый интерфейс канала передачи данных

ODIF office document interchange format - формат взаимного обмена учрежденческой документацией

ODL optical data link - оптический канал (передачи) данных

ODL optical delay line - оптическая линия задержки

ODMG object database management group - группа по управлению объектными базами данных

ODP open distributed processing - открытая распределенная обработка, открытые распределенные вычисления, ОРВ

ODP optical disc player - устройство для проигрывания оптического диска

ODR optical data reader - оптическое считывающее устройство

ODTP open distributed transaction processing - открытая распределенная обработка транзакций

OECR overall evaluation class rating - рейтинг общей оценки класса *(рейтинг безопасности компьютерной системы)*

OEM original equipment manufacturer - (фирма-)изготовитель комплектного оборудования *(в отличие от производителей комплектующих)*

OF overflow flag - флаг переполнения

OFB output feed back - внешняя обратная связь

OFC optical fiber cable - волоконно-оптический кабель, ВОК

OFC optical fiber communication - волоконно-оптический кабель связи, ВОКС

OFTL optical fiber transmission line - волоконно-оптическая линия связи, ВОЛС

OFTS optical fiber transmission system - система передачи (данных) по волоконно-оптическому каналу

OG OR gate - вентиль (схема) ИЛИ
OH off-hook - "не зацеплен" *(индикатор модема)*
OID object identifier - идентификатор объекта
OIN office information network - учрежденческая информационная сеть
OIS office information system - учрежденческая информационная система
OIS office integrated system - учрежденческая интегрированная система
OL on-line - режим работы под управлением основного оборудования (в линии)
ol overlap - перекрытие, совмещение
OLAP on-line analytical processing - оперативная аналитическая обработка
OLCP on-line complex processing - сложная обработка в реальном масштабе времени
OLE object linking and embedding - связывание и вложение объектов; компоновка и внедрение объектов *(стандарт обмена данными между программами в MS Windows и Macintosh System. Дает возможность создавать активные связи между программой, в которой объект был создан, и программой, в которую он импортирован для использования. Связь позволяет редактировать объект, который уже импортирован, в создавшей его программе)*
OLI optical line interface - интерфейс оптических линий связи
OLM on-link mode - режим соединений (в сетях)
OLTP on-line transaction processing - оперативная обработка транзакций (управление процессом пересылки на верхнем конце прикладных баз данных)

OM optical memory - оптическое запоминающее устройство

O&M operations **and** maintenance - эксплуатация и техническое обслуживание

OMA object management architecture - архитектура управления объектами; архитектура объектного управления

OMDR optical memory disc recorder - записывающее устройство дисков оптической памяти

OMDR optical memory driver recorder - устройство записи дисков оптической памяти

OMF object management facility - средства управления объектами

OMF object module format - формат объектного модуля

OMG object management group - рабочая группа по управлению объектами

OMI open messaging interface - интерфейс открытых сообщений

OMS optical memory system - оптическое запоминающее устройство

OMR optical mark reader - устройство для оптического считывания меток

OMR optical mark recognition - оптическое считывание меток

OMS optoelectronic multiplex switch - оптоэлектронный мультиплексный переключатель, оптоэлектронный мультиплексор

OMUX output multiplexer - мультиплексор вывода

ONA open network architecture - открытая сетевая архитектура

ONC open network computing - открытые сетевые вычисления

ONE office network exchange - станция учрежденческой сети связи

ONL on-line - интерактивный; под управлением основного оборудования

ONMA open network management architecture - открытая архитектура управления сетью

ONP open network provision - разработка открытых сетей

OOA object-oriented analysis - объектно-ориентированный анализ

OOD object-oriented design - объектно-ориентированное проектирование

OODB object-oriented database - объектно-ориентированная база данных

OOL operator-oriented language - язык, ориентированный на оператора

OOM object-oriented memory - объектно-ориентированная память

OOP object-oriented programming - объектно-ориентированное программирование

OOPS object-oriented programming system - система объектно-ориентированного программирования

OOPS off line operating simulator - автономный имитатор

OOT object-oriented technology - объектно-ориентированная технология

OOUI object-oriented user interface - объектно-ориентированный пользовательский интерфейс

op operation - операция; действие; работа; функционирование; режим работы; срабатывание

OPAL operational performance analysis language - язык программирования для решения задач исследования операций

op/amp operational amplifier - операционный (решающий) усилитель

OPDAC optical data converter - оптический преобразователь данных

oper operator - оператор; операция

operg operating - операционный; операторный; рабочий, эксплуатационный

OPI open prepress interface - открытый интерфейс подготовки к печати

OPM operator programming method - операторный метод программирования

opm operations per minute - (число) операций в минуту

opn open - открытый

opnd operand - операнд, компонента операции

OPR optical page reader - оптическое считывающее устройство

opt optimum - оптимум

opt optional - необязательный, факультативный; произвольный

OR object reuse - повторное использование объекта

OR operating range - рабочий диапазон

OR operationally ready - готовый к работе

OR operations research - исследование операций

OR optical reader - оптическое считывающее устройство

O/R on request - по требованию

ORB object request broker - посредник объектных запросов

ord order - команда; порядок, упорядоченность, последовательность, очередность; степень; разряд числа

ord ordinary - обычный, простой

ORDBMS object relational database management system - система управления объектно-ориентированной реляционной базой данных

org organization - организация, структура, устройство

org; orig origin - начало; источник; (абсолютный) адрес начала программы или блока; начало отсчета

OROM optical read only memory - оптическое постоянное запоминающее устройство

OROS optical read-only storage - оптическое постоянное запоминающее устройство, оптическое ПЗУ, ОПЗУ

ORS object replication service - служба размножения объектов

OS operating system, operational system - операционная система, ОС

OSA open system adapter - адаптер открытой системы

OSA open systems architecture - архитектура открытых систем

osc oscillator - генератор колебаний

OSCA open systems cabling architecture - кабельная архитектура открытых систем

OSCAR optically scanned character automatic retrieval - оптическое читающее устройство

OSD optical scanning device - оптическое сканирующее устройство

OSE open system environment - среда открытых систем

OSF Open Software Foundation - Фонд открытого программного обеспечения

OSI open systems interconnection - взаимодействие открытых систем, ВОС

OSI optimum-scale integration - интеграция оптимального уровня; с оптимальным уровнем интеграции

OSI BRM open systems interconnection basic reference model - базовая эталонная модель взаимодействия открытых систем, ЭМВОС

OSIone Open Systems Interconnection organisation for network establishment - Организация по созданию сетей взаимодействия открытых систем

OSLAN open system local area network - локальная сеть связи, взаимодействующая с открытыми системами

OSM optical switch module - модуль переключения света

OSNA open service network architecture - архитектура сети с открытым сервисом

OSP open systems philosophy - философия открытых систем

OSPF Open Shortest Path First - открыть первым кратчайший путь *(протокол маршрутизации в TCP/IP)*

OSS optical scanning service - служба оптического сканирования

OSSL operating system simulation language - язык моделирования операционных систем

OT operate time - время работы

OT overtime - сверхурочное время, время сверхурочной работы

OTF open tape format - открытый формат лент

out output - выход; вывод; выходное устройство; устройство вывода; выходной сигнал; выходные данные

OVD optical videodisk - оптический видеодиск

OVF; ovflo overflow - переполнение
OVHA open-view history analyzer - анализатор истории *(отслеживает изменение степени использования сети во времени)*
ovl overlap - перекрытие, совмещение
ovld overload - перегрузка
ovly overlay - наложение; перекрытие; оверлей
OVRM Open View resource manager - менеджер ресурсов
OVTE Open View traffic expert - эксперт трафика
OWL Object Windows Library - библиотека объектов Windows

- **P; p** page - страница, лист
- **P; p** perforation - перфорирование, перфорация, пробивание (пробивка) отверстий; перфорированное отверстие, пробивка
- **P; p** plug - (штепсельный) разъем; штепсель; штекер; контактный штырек
- **P; p** point - точка, пункт
- **P; p** power - мощность; энергия; способность; производительность; степень, показатель степени
- **P; p** primary - первичное выражение; первичный, исходный
- **P; p** punch - пробивка, перфорированное отверстие, перфорация, перфоратор; пробойник, пуансон
- **PA** performance analysis - анализ производительности
- **PA** pixel adapter - пиксельный процессор
- **PA** program address - адрес программы; адрес в программе
- **PA** pulse amplifier - импульсный усилитель
- **PABX** private automatic branch exchange - частная автоматическая телефонная станция с выходом в сеть общего пользования
- **PACE** processing and control element - микропроцессор на одном кристалле
- **PACE** program analysis control and evaluation - управление анализом программ и их оценка
- **PACT** pay actual computer time - система оплаты за фактически использованное рабочее время ЭВМ

PAD packet assembler and disassembler - сборщик и разборщик пакетов, СРП

PAD packet assembly and disassembly - формирование (сборка) и разборка пакетов

PAIRS picture and audio information retrieval system - система поиска видео- и аудиоинформации

PAL Paradox Algorithmic Language - язык программирования в среде Paradox

PAL phase alternating line - ПАЛ *(формат цветного телевидения в странах Европы - 25 кадров/сек, 625 строк в кадре)*

PAL programmable array logic - программируемая матричная логика

PAL programmed application library - библиотека прикладных программ

PAM partitioned access method - библиотечный метод доступа

PAM personal application manager - администратор приложений для персонального компьютера

PAM port-assignment module - модуль назначения портов

PAM pulse-amplitude modulation - амплитудно-импульсная модуляция

PAP Password Authentication Protocol - протокол аутентификации по паролю

PAP Printer Access Protocol - протокол доступа к принтеру

par paragraph - параграф

par parallel - параллельный

par parameter - параметр

PARC Palo Alto Research Center - Исследовательский центр в Пало-Альто *(компании "Xerox")*

parens parentheses - круглые скобки

PASC	picture archival communications system - система архивации и передачи изображений
patn	pattern - образец; модель; шаблон, трафарет; (конкретная) комбинация; схема; структура; образ, изображение; рисунок; картина; узор; растр; (потенциальный) рельеф; кодограмма
PAW	Paradox Application Workshop - генератор приложений Paradox
PAX	private automatic exchange - частная (учрежденческая) автоматическая телефонная станция (без выхода в общую сеть)
PB	peripheral buffer - буфер периферийного устройства; буферное запоминающее устройство периферийных устройств
PB	playback - считывание, воспроизведение
PB	plug-board - коммутационная панель (доска); штекерная панель; штепсельная панель; наборное поле
PB	push button - нажимная кнопка
P-board	prototype board - плата прототипа; макетная плата
PBP	Packet Burst Protocol - протокол с группой пакетов; протокол PBP
PBP	push-button panel - кнопочная панель или станция
PBS	push-button switch - кнопочный переключатель
PBX	private branch exchange - частная (учрежденческая) телефонная станция (с выходом в общую сеть)
PC	parameter checkout - контроль параметра
PC	personal computer - персональный компьютер
PC	photocell - фотоэлемент
PC	photoconductive - фотопроводящий

PC	printed circuit	печатная схема; печатный монтаж
PC	program counter	счетчик команд
PC	pulse code	импульсный код
PC	pulse controller	импульсный контроллер
PC	punched card	перфорированная карта
PC	programmable controller	программируемый контроллер
P-C	processor controller	процессорный контроллер
P-C	pulse counter	счетчик импульсов
PCAM	punch card accounting machine	перфокартная (вычислительная) машина; счетно-перфорационная машина; перфоратор; счетно-аналитическая машина
PCB	play control block	блок управления воспроизведением
PCB	printed-circuit board	печатная плата, ПП; плата с печатным монтажом; плата с печатной схемой
PCB	process control block	блок управления процессом
PCB	program control block	блок программного управления
PCC	program-compatible computers	программно-совместимые компьютеры
PCC	program-controlled computer	вычислительная машина с программным управлением
PC DOS	Personal Computer Disk Operating System	дисковая операционная система для персональных компьютеров (*аналог MS DOS*)
PCE	personal communication electronics	электронные устройства индивидуальной связи
PCE	process input-output control electronics	аппаратура управления процессом ввода-вывода

PCE punched card equipment - перфокартное оборудование; счетно-перфорационное оборудование

PCET personal computer extended technology - усовершенствованная технология персональных компьютеров

PCG programmable character generator - программируемый знакогенератор

pch punch - пробивка, перфорированное отверстие, перфорация; перфоратор; пробойник, пуансон

pchg punching - перфорирование, перфорация, пробивание отверстий; пробивка, перфорированное отверстие

PCI peripheral component interconnect - межсоединение периферийных компонентов *(тип шины)*

PCI peripheral component interface - интерфейс периферийных устройств

PCL play control list - список команд управления воспроизведением

PCL print control language - язык описания страниц

PCL printer control language - язык управления принтером

PCM, pcm plug-compatible machine - (полностью) совместимая (вычислительная) машина

PCM plug-compatible manufacturer - изготовитель совместимых персональных компьютеров

PCM program-compatible machine - программно-совместимая машина

PCM program-compatible manufacturer - (фирма-)изготовитель программно-совместимых машин *(с компьютерами фирмы IBM)*

PCM pulse-code modulation - кодово-импульсная модуляция

PCM punch-card machine - перфокартная (вычислительная) машина; счетно-перфорационная машина; перфоратор; счетно-аналитическая машина

PCMCIA Personal Computer Memory Card Interface Association - Ассоциация по интерфейсу плат памяти для персональных компьютеров

PCMer, pcmer program-compatible manufacturer - (фирма-)изготовитель программно-совместимых машин *(с компьютерами фирмы IBM)*

PCN, PCnet personal computer network - сеть персональных компьютеров

PCN public communication network - общедоступная сеть телекоммуникаций

PCNE protocol converter to non-SNA equipment - протокольный конвертер для оборудования, не соответствующего архитектуре SNA

PCO point of control and observation - точка контроля и наблюдения

PCP primary control program - первичная управляющая программа

PCS personal communications services - обслуживание личной связи

PCS personal communication system - персональная система связи

PCS personal conferencing specification - спецификация видеоконференц-связи между персональными компьютерами

PCSA personal computer systems architecture - архитектура систем на основе персонального компьютера

PCSS personal computer support system - система поддержки персональных компьютеров
PCU peripheral control unit - контроллер внешнего устройства, контроллер ввода-вывода
PCU programmable calculating unit - программируемое вычислительное устройство
PD page directory - каталог страниц
PD projected display - проекционный дисплей
PD pulse driver - формирователь импульсов
PD pulse duration - длительность импульса
pd period - период, промежуток; точка
PDA personal digital assistant - персональный электронный помощник (карманный компьютер)
PDB physical database - физическая база данных
PDB populated database - заполненная база данных
PDB private data base - частная база данных, закрытая база данных
PDB protected database - защищенная база данных
PDB protocol data block - протокольный блок данных
PDBR page directory base register - базовый регистр каталога страниц
PDC primary domain controller - первичный контроллер домена
PDCT portable data collection terminal - портативный терминал (для) сбора данных
PDET portable data entry terminal - портативный терминал (для) ввода данных
PDF portable document format - переносимый формат документа, формат PDF
PDF printer definition file - файл определения принтера
PDF probability distribution function - функция распределения вероятностей

PDH plesiochronous digital hierarchy - плезиохронная цифровая иерархия

PDIP plastic dual-in-line package - пластмассовый корпус с двухрядным расположением выводов

PDL page description language - язык описания страниц

PDL printer description language - язык описания принтеров

PDL procedure definition language - язык описания процедур

PDL project definition language - язык описания проекта

PDM pulse duration modulation - модуляция по длительности импульса, широтно-импульсная модуляция, ШИМ

PDMS plant design management system - система управления проектированием промышленных предприятий

PDN public data network - сеть передачи данных общего пользования, СДОП

PDO portable distributed objects - переносимый распределенный объект

PDP parallel data processing - параллельная обработка данных

PDP plasma display panel - плазменная индикаторная панель; плазменное табло

PDP professional development program - программа профессионального развития *(компании "Novell")*

PDP programmed data processor - программируемый процессор обработки данных

PDQ parallel data query - параллельное обслуживание запросов

233

PDS program development system — система разработки программ
PDS project definition and survey — проектное задание и обзор концепций
PDU protocol data unit — протокольный блок данных, ПБД
PE paper end — конец бумаги
PE photoelectric — фотоэлектрический
PE probable error — вероятная ошибка
PE processing element — обрабатывающий элемент; элементарный процессор; процессорный элемент, ПЭ
PE program element — элемент программы
PEC packaged electronic circuit — герметизированная электронная схема
PEC photoelectric cell — фотоэлемент
PEL picture element — элемент изображения
PEM privacy enhanced mail — улучшенная секретная почта
PEP Packet Encoding Protocol — протокол пакетного кодирования
PEP program evaluation procedure — методика оценки программ
perf perforated — перфорированный
perf performance — (рабочая) характеристика; производительность; эффективность
perfr perforator — перфоратор
periquip peripheral equipment — периферийное оборудование
PERT Program Evaluation and Review Technique — (система) ПЕРТ (система планирования и руководства разработками)
PERT-cost Program Evaluation and Review Technique-cost — (система) ПЕРТ-стоимость (со стоимостным критерием)

PERT-time	Program Evaluation and Review Technique-**time** - (система) ПЕРТ-время (с временным критерием)
PES	program evaluation system - система оценки программ
PET	performance evaluation tools - средства для оценки характеристик (производительности)
PF	page formatter - средства форматирования страниц
PF	parity flag - флаг четности
PF	power factor - коэффициент мощности
PFM	pipe file manager - модуль управления канальными файлами
PFT	paper flat tape - бумажная плоская лента
pg	page - страница, лист
PGA	professional graphics adapter - профессиональный графический адаптер
PGA	programmable gate array - программируемая вентильная матрица
pglin	page and line - страница и строка
PGP	pretty good privacy - "надежная конфиденциальность" *(алгоритм шифрования)*
PH	page heading - заголовок страницы
ph	phase - фаза, этап
PI	program interrupt - программное прерывание
PI	programmed instruction - программно-реализованная команда; макрокоманда; экстракод
PIA	peripheral interface adapter - периферийный интерфейсный адаптер; адаптер связи с периферийными устройствами
PIA	personal Internet access - персональный доступ к Internet
PIC	personal identification code - персональный идентификационный код

PIC	**p**icture **i**mage **c**ompression - сжатие изображений, специальный алгоритм сжатия изображений
PIC	**p**rogrammable **i**nterface **c**ontroller - программируемый контроллер интерфейса
PICS	**p**rotocol **i**mplementation **c**onformance **s**tatement - свидетельство о соответствии протокольной реализации
PIE	**p**lug-in **e**lectronics - электронные схемы блочной конструкции
PIE	**p**rogram **i**nterruption **e**lement - элемент программного прерывания
PIF	**p**rogram **i**nformation **f**ile - файл информации о программе
PIG	**p**rogram **i**dea **g**enerator - программный генератор идей, ПГИ
PIM	**p**ersonal **i**nformation **m**anager - система управления личной базой данных
PIN	**p**ersonal **i**dentification **n**umber - персональный (индивидуальный) идентификационный номер
PIN	**p**rocedural **i**nterrupt **n**egative - сигнал негативного прерывания процедуры
PINO	**p**ositive **i**nput - **n**egative **o**utput - с положительным входным и отрицательным выходным сигналами
PIO	**p**arallel **i**nput/**o**utput - параллельный ввод-вывод
PIO	**p**rogrammable **i**nput/**o**utput - программируемый ввод-вывод
PIP	**p**eripheral **i**nterchange **p**rogram - программа работы с периферийным устройством
PIP	**p**icture-**i**n-a-**p**icture - "картинка в картинке" *(проигрывание изображения в окне на экране)*

PIPO parallel input/parallel output - параллельный ввод - параллельный вывод

PIS personal information system - персональная информационная система

PISO parallel-in, serial out - с параллельным входом и последовательным выходом

PISW process interrupt status word - слово с информацией о состоянии процесса при прерывании

PIU programmable interface unit - программируемый интерфейс; программируемое устройство сопряжения

PIX parallel interactive executive - параллельная интерактивная исполнительная программа

PIXIT protocol implementation extra information for testing - дополнительная информация для тестирования протокольной реализации

PJL Printer Job Language - язык заданий вывода на печать

PKCS public key cryptography standard - криптографический стандарт с общим ключом

pkd packed - заключенный в корпус

pkg package - блок; модуль; корпус программы; пакет

PLA programmable logic array - программируемая логическая матрица, ПЛМ

PLAN personal local-area network - локальная сеть персональных компьютеров

PLB picture level benchmark - эталонный тест уровня изображения *(контрольная задача для визуальной сравнительной оценки характеристик средств машинной графики)*

PL/M programming language/microprocessors - язык системного программирования для микропроцессоров

PLP Packet Level Protocol - протокол пакетного уровня, ППУ

PLP Presentation Level Protocol - протокол уровня представления данных

PLV production level video - видеосредства промышленного уровня; специальный алгоритм сжатия изображений

PM phase modulation - фазовая модуляция, ФМ

PM presentation manager - менеджер презентации

PM preventive maintenance - профилактика, профилактическое обслуживание

PM procedure manual - процедурное руководство

P/M passive matrix - пассивная матрица

PMD postmortem dump - аварийный дамп, постпечать после аварийного завершения задачи

PMD physical layer medium dependent - подуровень физического уровня, зависящий от среды передачи

PML power minimized logic - логические схемы с минимальной рассеиваемой мощностью

PMMA polymethylmethacrylate - полиметилметакрилат *(жесткая прозрачная пластмасса, используемая при производстве большинства лазерных видеодисков)*

PMMU page memory management unit - блок управления страничной памятью

PMOS p-channel metal-oxide-semiconductor - p-канальный МОП-прибор

PMP parallel multiprocessing - параллельная мультипроцессорная обработка

PMS Pantone Matching System - система, разработанная фирмой Pantone Inc., представляет собой набор из более 700 стандартных цветов, используемых художниками-дизайнерами, производителями краски и типографиями

PMS	**p**ersonal **m**easuring **s**ystem - персональная измерительная система
PMS	**p**ublic **m**essage **s**ervice - система обмена сообщениями коллективного пользования
PMT	**p**acket-**m**ode **t**erminal - пакетный терминал
PMU	**p**ower **m**anagement **u**nit - блок управления электропитанием
PMUX	**p**rogrammable **mu**lti**x**er - программируемый мультиплексор
PN	**P**etri **n**et - сеть Петри
PNC	**p**rogrammed **n**umerical **c**ontrol - числовое программное управление, ЧПУ
pnl	**p**a**n**e**l** - панель; щит управления; распределительный щит; плата; табло
PNP	**p**ositive-**n**egative-**p**ositive - p-n-p (о типе транзистора или структуры)
PnP	**p**lug a**n**d **p**lay - технология "включай и работай"; автоматическое конфигурирование аппаратных средств
PO	**p**arallel **o**bject - параллельный объект
PO	**p**rint**o**ut - распечатка, вывод (данных) на печатающее устройство; отпечаток
Poach	**P**C **o**n **a** **ch**ip - ЭВМ IBM PC на одном кристалле, однокристальная IBM PC
poc	**poc**ket - карман
POI	**p**ower **o**n **i**ndicator - индикатор включения питания
POL	**p**roblem-**o**riented **l**anguage - проблемно-ориентированный язык
POL	**p**rocedure-**o**riented **l**anguage - процедурно-ориентированный язык
POP	**p**oint **o**f **p**resence - месторасположение
POP	**p**oint **o**f **p**urchase - информационная точка покупки

POP	Post Office Protocol - протокол отделения связи
POS	point of sale - кассовый терминал
POS	programmable option selection - программная установка режима
pos	position - позиция; местоположение; место, разряд
pos	positive - положительная величина; положительный; позитивный
POSI	portable operating system interface - переносимый интерфейс для операционной системы
POST	power-on self-test - самоконтроль по включении *(автоматическое самотестирование устройства при включении питания)*
pot	potentiometer - потенциометр
PP	peripheral processor - периферийный процессор
PP	pilot punch - ведущая перфорация
P-P	peak-to-peak - двойной амплитуды
pp	pages - страницы
PP-display	plasma panel display - плазменный дисплей
PPDS	page printer data stream - поток данных постраничной печати
PPI	programmable peripheral interface - программируемый интерфейс периферийных устройств
PPL	path programmable logic - логика с программируемыми соединениями
PPL	preferred product list - список предпочтительной продукции
PPL	process-to-process linking - связь между процессами
PPM; ppm	pages per minute - (число) страниц в минуту *(быстродействие лазерного принтера)*
PPM	pulse-position modulation - фазово-импульсная модуляция

PPP	Point-to-Point Protocol - протокол "точка - точка"; протокол двухточечной связи
PPS	personal publishing system - персональная издательская система
PPS; pps	pulses per second - (число) импульсов в секунду
pps	packet per second - пакетов в секунду
PPSN	public packet switching network - общедоступная сеть с коммутацией пакетов
PQE	partition queue element - элемент очереди разделов
PQO	parallel query option - средство параллельной обработки запросов
PQS	parallel query server - сервер параллельных запросов
PR	pay roll - расчетная (платежная) ведомость
PR	print register - регистр печати
PR	print restore - возобновление печати
PR	program register - регистр команд
pr	print - печать; распечатка; оттиск; отпечаток
PRB	packet receiving buffers - буфер приема пакетов
prec	precision - прецизионность, точность
PREP	PowerPC reference platform - эталонная платформа PowerPC
prepn	preparation - приготовление, подготовка; составление
PRF	pulse repetition frequency - частота повторения (следования) импульсов
prf	proof - доказательство
PRI	primary rate interface - интерфейс передачи с базовой скоростью
pri	primary - первичное выражение; первичный, исходный

pri priority - приоритет
PRMD private management domain - область частного управления
PRN packet radio network - пакетная радиосеть
PRN personal radio network - сеть персональной радиосвязи
PRN print - печатать
pro procedure - образ действия, методика; процедура; процесс
prob probability - вероятность
prob probable - вероятный
prob problem - задача, проблема
Proc processor - процессор
proc process - процесс; технологический прием; способ обработки; технологический процесс
procr processor - процессор
prod product - произведение
prod production - производство; изготовление; продукция; порождение
prog program(me) - программа
PROLOG Programming Logic - Пролог (логический язык программирования)
PROM programmable read-only memory - программируемая постоянная память, программируемое постоянное запоминающее устройство, ППЗУ
PRONET protection network - сеть с автоматической защитой *(от несанкционированного доступа)*
PRR pulse-repetition rate - частота повторения (следования) импульсов
PRS pattern recognition system - система распознавания образов
PRT program reference table - программная справочная таблица, программный справочник

prt	**pr**in**t**er - печатающее устройство, устройство печати, принтер; программа печати
PRV	**p**eak **r**everse **v**oltage - максимальное обратное напряжение
PRZ	**p**olarized **r**eturn-to-**z**ero - поляризованный с возвращением к нулю
PS	**p**acket **s**witch - узел коммутация пакетов
PS	**p**acket **s**witching - коммутация пакетов, пакетная коммутация
PS	**p**ersonal **s**ystem - персональная (вычислительная) система
PS	**p**lanning and **s**cheduling - планирование и составление графика
PS	**p**ower **s**upply - (электро-)питание; источник (электро-)питания
PS	**p**rivileged **s**tate - привилегированный режим
PS	**p**ulse **s**haper - формирователь импульсов
PSB	**p**arallel **s**ystem **b**us - параллельная системная шина
PSC	**p**acket **s**witching **c**enter - центр коммутации пакетов, ЦКП
PSC	**p**ersonal **s**ecurity **c**ard - карта персональной защиты
PSC	**p**ersonal **s**uper**c**omputer - персональный суперкомпьютер
PSD	**p**reliminary **s**ystem **d**esign - техническое проектирование систем; предварительная разработка проекта
PSDN	**p**acket **s**witching **d**ata **n**etwork - сеть передачи данных с коммутацией пакетов
PSDN	**p**ublic **s**witched **d**ata **n**etwork - коммутационная сеть передачи данных общего пользования
PSE	**p**acket **s**witching **e**xchange - центр (станция) коммутации пакетов, ЦКП

psec picosecond - пикосекунда, пс
PSIS product specialist: Internet systems - специалист по продуктам в области Internet
PSK phase shift keying - фазовая манипуляция, ФМн
PSL problem statement language - язык постановки задач
PSM platform support module - модуль поддержки платформы
PSM protection and security module - модуль защиты и обеспечения секретности
PSN packet satellite network - спутниковая сеть связи с коммутацией пакетов
PSN packet switching network - сеть с коммутацией пакетов
PSN packet switching node - узел связи с коммутацией пакетов
PSNL packet switching network line - канал сети связи с коммутацией пакетов
PSP program segment prefix - префикс сегмента программы, ПСП
PSPDN packet switched public data network - сеть передачи данных общего пользования с коммутацией пакетов
PSS packet switching system - система передачи данных с коммутацией пакетов
PSS physical signaling sublayer - физический подуровень передачи сигналов
PSS product support services - служба сопровождения программных продуктов
PSTN public switched telephone network - коммутируемая телефонная сеть общего пользования, ТСОП

PSU	**p**acket **s**witching **u**nit - коммутатор пакетов
PSU	**p**ower **s**upply **u**nit - блок питания
PSW	**p**rocessor **s**tatus **w**ord - слово состояния процессора
PSW	**p**rogram **s**tatus **w**ord - слово состояния программы
PT	**p**aper **t**ape - бумажная лента
PT	**p**encil **t**ube - пишущий стержень
PT	**p**icture **t**elegraphy - фототелеграф
PT	**p**unch(ed) **t**ape - перфорированная лента, перфолента
pt	**p**oin**t** - точка; пункт
PTC	**p**acket **t**ransmission **c**hannel - канал пакетной передачи
PT-computer	**p**alm**t**op **computer** - миниатюрный портативный компьютер; ручной компьютер
PT-computer	**p**en**t**op **computer** - компьютер с планшетным (перьевым) вводом
PTDTL	**p**umped **t**unnel-**d**iode **t**ransistor **l**ogic - логические схемы на транзисторах и туннельных диодах с накачкой
PTE	**p**age-**t**able **e**ntries - таблица страниц
PTF	**p**rogram **t**emporary **f**ixes - временные исправления в программе
PTH	**p**lated-**t**hrough **h**oles - сквозные металлизированные отверстия
PTO	**P**atent and **T**rademark **O**ffice - Управление патентов и торговых знаков
PTR	**p**aper **t**ape **r**eader - устройство считывания с бумажной перфоленты, устройство ввода с бумажной перфоленты
PTR	**p**hotoelectric **t**ape **r**eader - фотоэлектрическое устройство считывания с ленты

ptr	**p**rin**t**e**r** - печатающее устройство, устройство печати, принтер; программа печати
PU	**p**aging **u**nit - устройство управления страницами
PU	**p**hysical **u**nit - физическое устройство; физический блок
PUP	**p**eripheral **u**nit **p**rocessor - периферийный процессор
PV	**p**hysical **v**olume - физический том
PVC	**p**ermanent **v**irtual **c**ircuit - постоянный виртуальный канал, постоянное виртуальное соединение
PVM	**p**arallel **v**irtual **m**achine - параллельная виртуальная машина
PW	**p**rinted **w**iring - печатный монтаж
PW	**p**rogram **w**ord - слово программы
PW	**p**ulse **w**idth - длительность импульса
PWB	**p**rogrammer's **w**ork**b**ench - рабочее место программиста
PWC	**p**ower **c**onnector - разъем питания
PWD	**p**ulse-**w**idth **d**iscriminator - дискриминатор (селектор) импульсов по длительности
PWI	**p**ublic **W**indows **i**nterface - общедоступный интерфейс Windows
PWM	**p**ulse-**w**idth **m**odulation - широтно-импульсная модуляция, ШИМ
P-words	**p**arity **words** - кодовые слова в столбцах матрицы проверки на четность
pwr	**p**o**w**e**r** - мощность; энергия; способность; производительность; степень, показатель степени

q quantity - количество; величина
Q&A question and answer - запросно-ответный
QAM queued access method - метод доступа с очередями
QAS question answering system - запросно-ответная система
QBE query by example - запрос на примерах
QBF query by form - запрос через форму
QBM query by model - запрос по модели
QC quality control - контроль качества
QCB queue control block - блок управления очередью
QEL queue element - элемент очереди
Q-factor quality factor - показатель качества; коэффициент добротности
QFP quad flat package - плоский корпус с четырехсторонним расположением выводов
QHY quantized high Y - оцифрованный сигнал яркости Y с высоким разрешением
QIC quarter inch cartridge drive standards - стандарты четвертьдюймовых стриммеров и магнитных лент
QIC quarter inch compatibility - совместимость с 1/4 дюйма
QISAM queued indexed sequential access method - индексно-последовательный метод доступа с очередями
QL query language - язык запросов
QLLC qualified logical link control - квалифицированное управление логическим каналом
QLP query language processor - языковой процессор для обработки запросов

QMQB quick-make, quick-break - с быстрым замыканием и быстрым размыканием

QNA queuing network analyzer - анализатор сетей массового обслуживания

qnt quantizer - квантизатор, квантователь

QOS, QoS quality of service - качество обслуживания *(при пересылке мультимедиа-документов)*

QPS Quark Publishing System - издательская система компании "Quark"

QPSK quadrature phase-shift-key modulation - квадратурная фазовая модуляция

QRA quality-reliability assurance - гарантия на качество и надежность

QSAM queued sequential access method - последовательный метод доступа с очередями

QT queuing theory - теория массового обслуживания, ТМО

QTAM queued telecommunication access method - телекоммуникационный метод доступа с очередями

qty quantity - количество; величина

qtzn quantization - квантизация, квантование; разбиение на подгруппы данных

qtzr quantizer - квантизатор, квантователь

quad quadrant - квадрант

quad quadratic - квадратный; квадратичный, квадратический

quad quadruple - учетверять, увеличивать в четыре раза; умножать на четыре

QUILP quad-in-line package - корпус (интегральной схемы) с четырехрядным расположением выводов, четырехрядный корпус

quint quintuple - упятерять, увеличивать в пять раз; умножать на пять

quot quotient - частное; коэффициент

R reset - восстановление, возврат в исходное положение или состояние; установка в (состояние) "0"

R resistance - сопротивление

R resistor - резистор

R reverse - реверс; обратный

R right - правый

RA read amplifier - усилитель считывания

RACF resource access control facility - средства управления доступом к ресурсам

RACH random access channel - канал произвольного доступа

RACOM random communication - система связи с произвольным доступом

RACS remote access computing system - вычислительная система с дистанционным доступом

RAD rapid access disk - дисковое запоминающее устройство с быстрой выборкой

RAD rapid application development - быстрая разработка приложений; средства быстрой разработки приложений

RAID redundant array of independent disks - дополнительный набор независимых дисков

RAID redundant array of inexpensive disks - блок дисков с избыточностью информации; дисковый массив

RAID redundant array of inexpensive disks - массив резервных недорогих дисков

RALU register and arithmetic/logic unit - регистровое и арифметико-логическое устройство, РАЛУ

RAM	random-access memory - память (запоминающее устройство) с произвольной выборкой, ЗУПВ; оперативная память, оперативное запоминающее устройство, ОЗУ
RAM	real address mode - режим реальной адресации
RAM	resident access method - резидентный метод доступа
RAN	regional-area network - региональная сеть (объединяющая несколько локальных сетей)
RARP	Reverse Address Resolution Protocol - протокол определения обратного адреса
RAS	reliability, availability and serviceability - надежность, работоспособность и удобство эксплуатации
RAS	remote access server - сервер удаленного доступа
RAS	remote access services - служба дистанционного доступа
RAS	row address strobe - строб адреса строки
RAT	register alias table - таблица псевдонимов регистров
RB	read backward - читать назад *(название команды)*
RB	read buffer - буфер считывания
RBE	remote-batch entry - дистанционный пакетный ввод
RBT	remote-batch terminal - терминал дистанционной пакетной обработки
RC	remote control - дистанционное управление, телеуправление; дистанционное регулирование, телерегулирование
RC	resistance-capacitance - резистивно-емкостный
rcd	record - запись, регистрация; записать *(название команды)*
RCE	remote control equipment - оборудование с дистанционным управлением

RCO	representative calculating operation - типичная вычислительная операция
RCP	remote communications processor - дистанционный связной процессор
RCP	restore cursor position - восстановить позицию курсора
RCS	reloadable control storage - перезагружаемое управляющее запоминающее устройство
RCTL	resistor-capacitor transistor logic - резистивно-емкостные транзисторные логические схемы, транзисторные логические схемы с резистивно-емкостными связями, РЕТЛ-схемы; резистивно-емкостная транзисторная логика, РЕТЛ
RCTL	resistor-coupled transistor logic - транзисторные логические схемы с резистивными связями, ТЛРС-схемы; транзисторная логика с резистивными связями, ТЛРС
rcv	receive - принять *(название команды)*
RD	receive data - прием данных *(индикатор модема)*
R&D	research and development - научно-исследовательский и опытно-конструкторский; исследования и разработки
RDA	remote data access - удаленный доступ к данным
RDA	remote database access - дистанционный доступ к базам данных
RDB	relational data base - реляционная база данных
rdbl	readable - (удобо)читаемый; четкий
RDC	remote data collection - дистанционный сбор данных
rd chk	read check - контроль считывания
RDD	replaceable database drivers - замещаемые драйверы баз данных

RDES requirement definitions expert system - экспертная система по выработке требований

R-disk reference disk - эталонная дискета

RDN relative distinguished name - относительное отличительное имя

RDS removable disk storage - запоминающее устройство (накопитель) на съемных дисках

RDT remote data transmitter - устройство для дистанционной передачи данных

RDTL resistor-diode-transistor logic - резисторно-диодно-транзисторные логические схемы; резисторно-диодно-транзисторная логика

rdy ready - состояние готовности

RE real (number) - вещественное число

RE reset - восстановление, возврат в исходное положение или состояние; установка в (состояние) "0"

READ relative element address designate - относительное обозначение адреса элемента

rec record - запись, регистрация

recomp recomplementation - повторное образование дополнения

recomp recomputation - повторный счет, повторное вычисление

red reducing - уменьшение, сокращение

REDLab research, education and demo laboratory - исследовательская, учебная и демонстрационная лаборатория

ref reference - ссылка; сноска

reg register - регистр

reg regular - регулярный; с регулярной структурой

REJ reject - отказ *(от кадров при передаче данных)*

rel release - разъединять; отпускать; разблокировать; освобождать; версия; выпуск

reperf	**reperf**orator - реперфоратор
rep-op	**rep**etitive **op**eration - работа в циклическом режиме
req	**req**uest - запрос
req	**req**uirement - требование, необходимое условие
RER	**r**esidual **e**rror **r**atio - коэффициент необнаруженных ошибок
res	**res**istor - резистор
RET	**r**esolution **e**nhancement **t**echnology - технология улучшения разрешения
ret	**ret**urn - возврат; отдача; возвращение; обратный путь (ход); обратный провод
rev	**rev**erse - реверс; обратный
rev	**rev**olution - оборот
rew	**rew**ind - (обратная) перемотка
REX	**r**emote **ex**ecution (service) - служба удаленного исполнения
RF	**r**esume **f**lag - флаг итога
RFC	**r**equests **f**or **c**omments - запросы на комментарии
RFI	**r**adio **f**requency **i**nterference - радиочастотные наводки
RFI	**r**equest **f**or **i**nformation - информационный запрос
RFQ	**r**equest **f**or **q**uote - запрос на (долевое) использование ресурсов
RFS	**r**emote **f**ile **s**erver - удаленный файл-сервер
RG	**r**an**g**e - область; диапазон; интервал
RG	**reg**ister - регистр
RG	**r**eset **g**ate - вентиль возврата в исходное состояние; вентиль установки (в состояние) "0"
rg	**r**an**g**e - область; диапазон; интервал
rg	**reg**ister - регистр

RGB red - green - blue - красный - зеленый - синий

RGBI red - green - blue intensive - интенсивность красного - зеленого - синего

RGB model RGB-модель - палитра в компьютерной графике, спектр цветов которой формируется из трех основных цветов: красного (**R**ed), зеленого (**G**reen) и голубого (**B**lue). Модель RGB использует аддитивный метод смешения цветов.

rge range - область; диапазон; интервал

RG (N) register, N-stages - N-разрядный регистр

RHW right half-word - правое полуслово

RI relational indexing - реляционное индексирование

RI reliability index - показатель надежности

RI ring indicator - кольцевой индикатор

RIC reconfigurable integrated circuit - интегральная схема с изменяемой структурой

RIF reliability improvement factor - коэффициент увеличения надежности

RIF routing information field - поле информации о маршруте

RIFF resource interchange file format - формат файлов взаимодействия ресурсов

RIFO random-in first-out - "случайный на входе, первый на выходе" *(дисциплина обслуживания)*

RIM read-in mode - режим ввода

RIO rasterized image output - вывод изображения в виде растра

RIP raster image processor - процессор растровых изображений

RIP Routing Information Protocol - протокол маршрутизации информации

RIS results information systems - информационная система обработки результатов

RISC reduced instruction set computer - вычислительная машина с сокращенным (упрощенным) набором команд

RIT rate of information transfer - скорость передачи информации

RIT route information table - таблица информации о маршрутах

RIT routing information table - таблица информации о маршрутизации

RJE remote job entry - дистанционный ввод заданий

RLE run length encoding - сжатие последовательности одинаковых символов

RLL run-length-limited (code) - код с ограничением расстояния между переходами

rls reels - бобины

RM record mark - метка (маркер) записи

RM reference manual - справочное руководство

RM resource manager - администратор ресурсов

RMDIR remove directory - удалить каталог *(команда)*

RMF remote management facility - средство удаленного управления

RMM read-mostly memory - полупостоянная память, полупостоянное запоминающее устройство

RMM read-mostly mode - режим преимущественного считывания

RMON remote monitoring - удаленный мониторинг

RMOS refractory (gate) **MOS** - МОП-структура с высокой термостойкостью

rms root-mean-square - среднеквадратический

RMSE root-mean-square error - среднеквадратическая ошибка

RN	ring network - кольцевая сеть
RNC	remote NetWare control - дистанционное управление в среде NetWare
RNC	remote network controller - дистанционный сетевой контроллер
RNR	receive not ready - не готов к приему *(абонент)*
RNS	residue number system - система (счисления) остаточных классов, система (счисления) в остатках
RO	read only - только для считывания
RO	receive only - только для приема (данных)
ROB	reorder buffer - буфер переупорядочения
ROM	read-only memory - постоянная память, постоянное запоминающее устройство, ПЗУ
ROS	read-only storage - постоянное запоминающее устройство
ROSE	remote operation service element - сервисный элемент удаленной обработки
ROSE	Research Open System for Europe - Исследовательская открытая система для европейских стран
ROSUG	Russian OS/2 User Group - Российская группа пользователей OS/2
ROT	rate of turn - скорость вращения
rout	routine - (стандартная) программа
ROVF	reflective optical videodisk format - формат отражающего оптического видеодиска
RP	reliability program - программа обеспечения надежности
rp	repeater - повторитель, ретранслятор
RPC	remote procedure call - вызов удаленных процедур
RPF	remote processing facility - средство дистанционного поиска

RPG	report program generator - генератор отчетов, генератор программы печати результатов анализа данных
RPG	role playing game - ролевая компьютерная игра
RPL	remote program load - дистанционная загрузка программ
RPM	rotations per minute - (число) оборотов в минуту
RPMI	rotations-per-minute indicator - указатель числа оборотов в минуту
RPN	reverse Polish notation - польская инверсная запись, постфиксная запись
rprt	report - отчет; сообщение, уведомление
RPS; rps	revolutions per second - (число) оборотов в секунду
rpt	repeat - повторить (название команды)
rpt	report - отчет; сообщение, уведомление
rptr	repeater - повторитель, ретранслятор
RQBE	relational query by example - реляционный запрос по образцу
RQE	request queue element - элемент очереди запросов
RR	receive ready - готов к приему
RR	repetition rate - частота повторения, частота следования
RRA	round-robin assignment - предоставление средства в порядке круговой очереди
RS	recommendational standard - рекомендуемый стандарт
RS	record separator - разделитель записей
RS	remote station - дистанционный терминал
RS	request sense - считывание запроса
RS	reset key - кнопка сброса; кнопка возврата
RS	resolver - динамический регистр

RSA cipher Rivest-Shamier-Adleman **cipher** - шифр Ривеста-Шамира-Адлемана, шифр РША
RSL requirement statement language - язык формулирования требований
rslt result - результат, исход
RSN release sequence number - порядковый номер версии
rst reset - восстановление, возврат в исходное положение или состояние; установка в (состояние) "0"
rstrt restart - повторный запуск; перезапуск, рестарт
RT real time - реальное время; реальный масштаб времени; истинное время; истинный масштаб времени
RT real-time - работающий в реальном масштабе времени; протекающий в истинном (масштабе) времени
R/T receive/transmit - приемопередающий
RTAM remote terminal access method - метод доступа с использованием удаленных терминалов, дистанционный терминальный метод доступа
RTC real-time clock - часы истинного (реального) времени
RTC remote terminal concentrator - концентратор удаленных терминалов
RTCA Real-Time Computing Association - Ассоциация по вычислениям в реальном времени
RTCA real-time control area - область управления в реальном масштабе времени
RTCE real-time channel evaluation - оценка характеристик канала в реальном масштабе времени
RTD real-time dummy - фиктивное реальное время
RTDAS real-time data automation system - автоматизированная система обработки данных в реальном масштабе времени

RTE	real-time executive - монитор реального времени
rte	route - трасса, путь; маршрут; тракт
RTF	rich text format - расширенный текстовый формат *(формат обмена текстовыми документами)*
rtg	rating - оценка; номинальное значение; расчетная величина; параметр; номинальная мощность; номинальная производительность
RTL	real-time library - библиотека этапа выполнения
RTL	resistor-transistor logic - резисторно-транзисторные логические схемы, РТЛ-схемы; резисторно-транзисторная логика
RTM	real-time manager - диспетчер исполняющей системы
RTMP	Routing Table Maintenance Protocol - протокол поддержания таблицы маршрутизации
RTN	retrain negative - кадр негативной повторной настройки
rtn	routine - (стандартная) программа
R to L	right to left - справа налево
RTOS	real-time operating system - операционная система реального времени
RTP	real-time processing - обработка (данных) в реальном (масштабе) времени; обработка (данных) в темпе их поступления
RTP	Real-Time Protocol - протокол реального времени
RTP	remote transfer point - дистанционный пункт передачи (данных)
RTP	retrain positive - кадр позитивной повторной настройки
RTPT	round-trip propagation time - время двойного пробега

RTR	real-time restore - восстановление в реальном времени
RTS	reliable transfer service - служба надежной пересылки
RTS	request to send - запрос на передачу
RTU	real-time Unix - операционная система реального времени Unix
RTU	remote terminal unit - дистанционный терминал
RTV	real-time video - видеосредства реального времени; специальный алгоритм сжатия изображений
RTX	real-time executive - осуществляющаяся в реальном масштабе времени *(о программе)*
RTZ	return-to-zero - с возвращением к нулю
RUG	report and update generator - генератор отчетов и обновлений
RV&M	remote viewing **and m**anipulation - дистанционные выбор и манипулирование кадром
RVI	reverse interrupt - обратное прерывание
RW	resource workshop - редактор ресурсов
R/W	read/write - чтение - запись
RWC	read, write and compute - чтение - запись - счет
rwd	rewind - (обратная) перемотка
RWI	radio wire integration - интеграция радио- и проводных средств связи
RWM	read-write memory - память (запоминающее устройство) с оперативной записью и считыванием
RY	relay - реле
RZ	return-to-zero - с возвращением к нулю
RZ (NP)	**n**on-polarized return-to-zero recording - неполяризованная запись с возвращением к нулю
RZ (P)	**p**olarized return-to-zero recording - поляризованная запись с возвращением к нулю

S	search	- поиск
S	series	- серия; ряд
S	side	- сторона, край
S	sign	- знак; обозначение; символ; признак
S	singular	- единственное число; единственный
S	slave	- управляемый, подчиненный
S	solid	- твердотельный
S	speed	- скорость; быстродействие
S	switch	- переключатель; коммутатор; ключ; выключатель

SA sense amplifier - усилитель считывания

SA source address - адрес источника

s-a stuck-at - константный *(о типе неисправности)*

SAA systems application architecture - архитектура прикладных систем

SAC single attachment concentrator - концентратор с одинарным подключением

SADT structured analysis and design technique - метод структурного анализа и проектирования

SAF service access facility - средства доступа к сервису

SAGMOS self-aligned-gate MOS - МОП-структура с самосовмещенным затвором

SALT script application language for Telix - сценарный язык приложений для программы Telix

SALT subscriber automatic line test - автоматическая проверка абонентской линии

SAM sequential access method - последовательный метод доступа

SAMNOS self-aligned-MNOS - МНОП-структура с самосовмещенным затвором

SAP	Service Advertisement Protocol - протокол извещения об услугах
SAP	symbolic address program - программа (составленная) в символических адресах
SAP	symbolic assembly program - компонующая программа символического языка
SAPA	semi-automated protocol analyzer - полуавтоматический протокольный анализатор
SAR	segmentation and reassembly - декомпозиция и повторное объединение
SARM	set asynchronous response mode - установление режима асинхронного ответа
SARME	set asynchronous response mode extended - установление режима асинхронного ответа с расширенным полем управления
SAS	single attachment station - станция с одинарным подключением *(только через концентратор)*
SAS	statistical analysis system - система статистического анализа
SAS	system application software - системное прикладное программное обеспечение
SAW	Stop-And-Wait - протокол (передачи информации) с остановкой и ожиданием
SB	selection board - селекторный пульт
SB	serial binary - последовательный двоичный
SB	straight binary - прямой двоичный (код)
SB	system bootstrap - системный загрузчик
SBC	single-board computer - одноплатная ЭВМ
SBCS	single-byte character set - набор однобайтовых символов
SBR	storage buffer register - буферный регистр запоминающего устройства
SBS	small business system - небольшая вычислительная система для бизнеса

S-bus	Sun bus - шина Sun
S-bus	system bus - системная шина
sby	standby - резервное (запасное) оборудование, резерв; резервный, запасной
SC	sequence counter - счетчик команд
SC	service channel - служебный канал
SC	supervisory control - диспетчерское управление; диспетчерский контроль
S/C	short circuit - короткое замыкание; цепь короткого замыкания
sc	scale - шкала; масштаб; масштабная линейка
SCALD	structured computer-aided logic design - структурированная автоматизированная система логического проектирования
SCAN	switched circuit automatic network - автоматическая сеть с коммутируемыми каналами
SCANER	simulator of cooperative automotive network of Renault - имитатор кооперативного вождения фирмы "Рено"
S-card	short card - "короткая плата"
scat	surface-controlled avalanche transistor - поверхностно-управляемый лавинный транзистор
SCB	station control block - блок управления станцией
SCC	switching control center - центр управления коммутацией
SCC	system communication controller - связной контроллер системы
SCCD	surface-channel charge-coupled device - прибор с зарядовой связью с "поверхностным каналом"
SCCE	simplified customer connecting equipment - упрощенное устройство подключения пользователей

SCE service creation environment - среда создания услуг

sceptron spectral comparative pattern recognizer - септрон *(устройство для распознавания речевых сигналов методом спектрального анализа)*

sch(ed) schedule - расписание; график; таблица; календарный план

SCI single channel interface - одноканальный интерфейс

SCIS survivable communication integration system - коммуникационная интегрированная система повышенной живучести

SCM scratch-pad memory - блокнотная память; сверхоперативная память

SCOUT surface-controlled oxide unipolar transistor - оксидный поверхностно-управляемый канальный (полевой, униполярный) транзистор

SCP Session Control Protocol - протокол управления соединением

SCP signal control point - пункт контроля сигналов

SCPC single channel per carrier - один канал на несущую

SCR; scr silicon controlled rectifier - кремниевый управляемый диод

SCSI small computer system interface - системный интерфейс малых компьютеров

SCT step control table - таблица управления шагом

SCT streaming cartridge tape - кассетное запоминающее устройство с "бегущей" лентой

SCT subroutine call table - таблица вызова подпрограмм

sctr sector - сектор

SCU scanner control unit - блок управления сканирующим устройством

SCU	storage control unit	- устройство управления памятью
SCWG	scalable computing working group	- рабочая группа по масштабируемым вычислениям
SD	security domains	- области безопасности
SD	send data	- передача данных *(индикатор модема)*
SD	single density	- (диск) одинарной плотности
SD	standard deviation	- среднеквадратическое отклонение; стандартное отклонение
SDA	standard descriptive abstract	- стандартная аннотация
SDA	synchronous data adapter	- адаптер синхронной передачи данных
SDA	systems dynamic analyzer	- динамический анализатор систем
SDAM	scheduling delay access mechanism	- механизм доступа с планированием задержки
SDB	shareable data base	- база данных коллективного пользования
SDBMS	specialized data base management system	- система управления специализированной базой данных
SDC	serial data controller	- серийный (последовательный) контроллер данных
SDC	signal data converter	- преобразователь сигнала в данные
SDCU	satellite delay - compensation unit	- спутниковый блок компенсации задержки
SDD	single density disk	- диск с одинарной плотностью записи
SDDI	shielded distributed data interface	- распределенный интерфейс передачи данных по экранированной витой паре

SDE software development environment - средства и методы разработки программного обеспечения
SDF space delimited format - формат с разделителями-пробелами
SDF structured directory format - структурированный формат каталога
SDF synchronous data flow - синхронный поток данных
SDFL Schottky-diode field-effect transistor logic - логические схемы на канальных (полевых, униполярных) транзисторах с диодами Шотки
SDH synchronous digital hierarchy - синхронная цифровая иерархия
SDI single-document interface - однодокументальный интерфейс; интерфейс по работе с одним документом
SDIF Sony digital interface format - формат цифрового интерфейса фирмы "Sony"
SDK software development kit - пакет разработчика программного обеспечения
SDL structure description language - язык описания структур
SDLC synchronous data link control - синхронное управление передачей данных
SDLD Standard Device Level Protocol - стандартный протокол приборного уровня
SDM system development multitasking - системное развитие мультизадачности
SDMA space division multiple access - множественный доступ с пространственным разделением, МДПР
SDS screen designing system - система проектирования экранного интерфейса

SDTS satellite data transmission system - спутниковая система передачи информации

SDU service data unit - сервисный блок данных, СБД

SDX storage data acceleration - ускорение запоминания данных

SE service equipment - сервисная аппаратура; сервисное оборудование

SE system efficiency - эффективность системы

SE software engineering - разработка программного обеспечения; программирование; программотехника

SE system engineering - системное проектирование; системотехника

SEA standard electronic assembly - стандартный электронный блок

SEB super encoder board - плата суперперекодировки

SEC scientific and engineering computation - научно-технические расчеты

SEC single-error correction - исправление одиночных ошибок

sec second - секунда

sec secondary - вторичный

SEC-BED-DED single-error correcting - byte error detecting - double error detecting - (код) с исправлением одиночных ошибок, обнаружением двойных ошибок и одиночных файлов

SEC-DED single-error correction - double error detection - с исправлением одиночных ошибок и обнаружением двойных ошибок

SECL symmetrically emitter-coupled logic - логические схемы с симметричными эмиттерными связями, симметричные ЭСЛ-схемы

SECO	**se**quential **co**ding - последовательное кодирование
sect	section - сечение; секция; раздел; часть; отрезок; участок
SEE	**s**oftware **e**ngineering **e**nvironment - средства и методы разработки программного обеспечения
seg	segment - сегмент
SEI	**s**tandard **e**ntry **i**nterface - стандартный интерфейс ввода данных
sel	selector - селектор
SEM	**s**tandard **e**lectronic **m**odule - стандартный электронный модуль
SENET	**s**lotted **e**nvelope **net**work - сеть с разделенными временными интервалами
SEPM	**s**oftware **e**ngineering and **p**roject **m**anagement - управление разработкой и проектированием программного обеспечения
sepn	separation - сепарация, разделение
seq	sequence - последовательность; порядок (следования); (натуральный) ряд чисел
SER	**s**ymbol **e**rror **r**ate - частота появления ошибочных символов
ser	serial - порядковый; последовательный; серийный
SES	**s**mart **e**nergy **s**ystem - интеллектуальная система энергосбережения
SEWB	**s**oftware **e**ngineering **w**ork**b**ench - рабочее место разработчика программного обеспечения
SF	**s**afety **f**actor - коэффициент надежности, запас прочности; коэффициент безопасности
SF	**s**ave **f**ail - безопасный сбой
SF	**s**equential **f**ile - последовательный файл
SF	**s**ign **f**lag - флаг знака

SF	subframe - часть кадра
SFD	starting-frame delimiter - начальный ограничитель кадра
SFL	signal flow language - язык для описания потоков сигналов
SFL	substrate feed logic - логические схемы с питанием из подложки
SFPS	secure fast packet switching - защищенная быстрая коммутация пакетов
SFT	system fault tolerance - отказоустойчивость системы
SFX	self-extracting (archive) - самораскрывающийся архив
SG	screen grid - экранная сетка
SG	set gate - вентиль установки в (состояние) "1"
SG	symbol generator - генератор символов
SGA	system global area - системная глобальная область
sgl	signal - сигнал
SGML	standard generalized mark-up language - стандартный обобщенный язык маркировки (текстов)
SGR	set graphics rendition - установить графическое отображение
SHA	secure hash algorithm - защищенный алгоритм хеширования
SHD	slim hard drive - "тонкий" НГМД
SHISAM	simple hierarchical indexed sequential access method - простой иерархический индексно-последовательный метод доступа
SHRC	super high resolution card - плата сверхвысокой разрешающей способности
SHSAM	simple hierarchical sequential access method - простой иерархический последовательный метод доступа

SI	sample interval - интервал выборки
SI	shift-in - возврат к прежней последовательности; переход на нижний регистр
SI	source index - регистр-индекс источника
SI	speed index - индекс быстродействия
SI	speed indicator - индикатор быстродействия
SI	system integrator - системный интегратор
SIA	Semiconductor Industry Association - Ассоциация полупроводниковой промышленности *(США)*
SIC	semiconductor integrated circuit - полупроводниковая интегральная схема
SIC	silicon integrated circuit - кремниевая интегральная схема
SID	segmented image database - сегментированная база данных изображений
SIDF	system-independent data format - формат данных, независимый от системы
SIDS	speech identification system - система идентификации речи
SIF	standard interface - стандартный интерфейс
SIF	status information frame - фрейм информации о статусе
SIG	Special Interest Group - Специальная группа по интересам
sig	signal - сигнал
SIGARCH	Special Interest Group on Architecture (of Computer Systems) - Специальная группа по архитектуре вычислительных систем *(Ассоциации по вычислительной технике США)*
SIGART	Special Interest Group on Artificial (Intelligence) - Специальная группа по проблемам искусственного интеллекта *(Ассоциации по вычислительной технике США)*

SIGCHI Special Interest Group for Computer-Human Interaction - Специальная группа по проблемам взаимодействия человека и компьютера

SIGCOMM Special Interest Group on (Data) **Com**munications - Специальная группа по проблемам передачи данных *(Ассоциации по вычислительной технике США)*

SIGCSE Special Interest Group on Computer Science Education - Специальная группа по образованию в области вычислительной техники *(Ассоциации по вычислительной технике США)*

SIGCUE Special Interest Group on Computer Uses in Education) - Специальная группа по использованию вычислительных машин в обучении *(Ассоциации по вычислительной технике США)*

SIGDA Special Interest Group on Design Automation - Специальная группа по автоматизации проектирования *(Ассоциации по вычислительной технике США)*

SIGFET silicon insulated-gate field-effect transistor - канальный (полевой, униполярный) транзистор с изолированным кремниевым затвором, МОП-транзистор с кремниевым затвором

SIGhyper Special Interest Group on **Hyper**text and Multimedia - Специальная группа по средствам гипертекста и мультимедиа

SIGMAP Special Interest Group on **Ma**thematical **Pr**ogramming - Специальная группа по математическому программированию *(Ассоциации по вычислительной технике США)*

SIGMICRO Special Interest Group on **Micro**programming - Специальная группа по микропрограммированию *(Ассоциации по вычислительной технике США)*

SIGMINI Special Interest Group on **Mini**computers - Специальная группа по мини-ЭВМ *(Ассоциации по вычислительной технике США)*

SIGOPS Special Interest Group on Operating Systems - Специальная группа по операционным системам *(Ассоциации по вычислительной технике США)*

SIGSAC Special Interest Group on Security, Audit and Control - Специальная группа по компьютерной безопасности, аудиту и управлению

SIGSIM Special Interest Group on Simulation - Специальная группа по моделированию *(Ассоциации по вычислительной технике США)*

SIL single-in-line - с однорядным расположением выводов

S²IL self-aligned super integration logic - логические схемы с самосовмещенным инжектором с двойной диффузией

SILK speech, image, language, knowledge - система "речь, образ, язык, знание"

SIM simulation - моделирование; имитация

SIM simulator - модель; моделирующее устройство; имитирующее устройство, имитатор; тренажер; моделирующая программа, программа моделирования

SIMD single-instruction, multiple-data - с одним потоком команд и многими потоками данных *(об архитектуре ЭВМ)*

SIMM single in-line memory module - модуль памяти с однорядным расположением печатных контактов

SIMPL symmetric integrated multiprocessor logic - симметричная интегрированная мультипроцессорная логика

SIMULA **simu**lation **la**nguage - формализованный язык для систем моделирования

simul eqs simultaneous **eq**uations - система уравнений; совместные уравнения

SInS **s**pecial **in**formation **s**ervice - специальный информационный сервис

SIO **s**erial **i**nput/**o**utput - последовательный ввод-вывод

SIOT **s**tep **i**nput/**o**utput **t**able - таблица ввода-вывода пункта

SIP **s**ervice **i**dentification **p**acket - пакет идентификации службы

SIP **s**ingle-in-line **p**ackage - корпус с однорядным расположением выводов

SIPO **s**erial-**i**n, **p**arallel-**o**ut - с последовательным входом и параллельным выходом

SIPP **s**ingle **i**n-line **p**in **p**ackage - модуль памяти с однорядным расположением штырьков

SIR **s**elective **i**nformation **r**etrieval - избирательный поиск информации

SIR **s**implified **i**nformation **r**etrieval - упрощенный информационный поиск

SIR **s**tatistical **i**nformation **r**etrieval - статистический информационный поиск

SISD **s**ingle-**i**nstruction, **s**ingle-**d**ata - с одним потоком команд и одним потоком данных *(об архитектуре ЭВМ)*

SISO **s**erial **i**nput/**s**erial **o**utput - последовательный ввод - последовательный вывод

SIU **s**ubscriber **i**nterface **u**nit - абонентское устройство сопряжения

SKAT **s**mart **k**nowledge **a**cquisition **t**ool - интеллектуальные средства сбора знаний

SLA	storage/logic array - матрица логических и запоминающих элементов
SLAP	Serial Line Access Protocol - протокол доступа к последовательному каналу
SLC	shift left and count - сдвинуть влево и начать счет *(название команды)*
SLC	system life cycle - жизненный цикл системы
SLI	service logic interpreter - логический интерпретатор вида услуг
SLIP	Serial Line Internet Protocol - межсетевой протокол для последовательного канала
SLP	small line printer - портативное построчное печатное устройство
SLT	subscriber line terminal - терминал абонентской линии
SLTF	shortest-latency-time-first - "с наименьшим временем ожидания - первый" *(дисциплина обслуживания)*
SM	secondary memory - вторичная память
SM	set mode - установить режим
SM	shared memory - совместно используемая память
SM	storage mark - знак разметки в памяти
SM	systems memory - системная память
SM	switching module - коммуникационный модуль
SMA	systems monitor architecture - архитектура системного мониторинга
SMAP	systems management application process - прикладной процесс управления системами
SMB	server message block - блок сообщений сервера
SMB	system message block - блок системных сообщений
SMDL	standard music description language - стандартный язык описания музыки

SMDS switched multimegabit data service - скоростная коммутация данных, мультимегабитовый информационный сервис

SMF standard message format - формат стандартных сообщений

SMF system management facilities - средства обслуживания системы

SMI structure of management information - структура управляющей информации

SMI system management interrupt - прерывание для управления системой

SMK software migration kit - комплект инструментальных средств переноса программного обеспечения; инструментальные средства переноса программного обеспечения

SML symbolic machine language - символический машинный язык

SMM system management mode - системный режим управления

SMP Simple Management Protocol - простой протокол управления

SMP symmetric multiprocessing - симметричная многопроцессорная обработка

smp sampler - устройство (для) получения дискретных значений непрерывной величины; устройство стробирования; квантизатор

SMPTE Society of motion picture and television engineers - Общество инженеров кино и телевидения

SMS satellite multiservices system - спутниковая мультисервисная система

SMS storage management services - служба управления запоминающими устройствами

SMS storage management system - система управления дисковой памятью; система управления запоминающими устройствами

SMS systems management server - сервер системного управления

SMT surface mount technology - технология монтажа (интегральной схемы) на поверхность

SMTP Simple Mail Transfer Protocol - упрощенный протокол передачи данных

S/N signal-to-noise - (отношение) сигнал — шум

sn sign - знак; обозначение; символ; признак

SNA systems network architecture - системная сетевая архитектура

SNAC subnetwork access - доступ к подсети

SNAP Standard Network Access Protocol - стандартный протокол сетевого доступа

SNAP SubNetwork Access Protocol - протокол доступа к подсетям

sngl single - единственный; одиночный

SNMP Simple Network Management Protocol - протокол управления простой сетью

SNR signal-noise ratio - отношение "сигнал — помеха"; отношение "сигнал — шум"

SNS secure network services - сетевая служба безопасности

SNTP Simple Network Transfer Protocol - простой протокол управления сетью передачи данных

SO shift-out - переход к новой последовательности; переход на верхний регистр

SOF start of frame - начало кадра

SOH start of header - начало заголовка

SOHO small office, home office - малый офис, домашний офис *(рынок поставщиков компьютерной техники)*

SOL	simulation-oriented language - язык для (целей) моделирования
SOL	system-oriented language - системно-ориентированный язык
soln	solution - решение
SOM	start of message - начало сообщения
SOM	system object model - модель системных объектов
SONET	synchronous optical network - синхронная оптическая сеть
SOS	secure operating system - операционная среда с защитой информации
SOS-CMOS	silicon-on-sapphire complementary MOS - комплементарная МОП-структура на сапфировой подложке, кремний-сапфировая МОП-структура
SOSIC	silicon-on-sapphire integrated circuit - кремниевая интегральная схема на сапфировой подложке, кремний-сапфировая интегральная схема
SP	shift pulse - импульс сдвига
SP	sound parameters - параметры звука
SP	space - пробел
SP	square punch - квадратная пробивка
SP	stack pointer - регистр-указатель стека
SP	structured protection - структурированная защита
S/P	serial/parallel - последовательно-параллельный
sp	space - пространство; область; расстояние; промежуток; пропуск; пробел
SPA	Software Publishers Association - Ассоциация издателей программных продуктов
SPACE loop	speech analog compressions and editing loop - схема сжатия и обработки аналоговых речевых сигналов

SPARC

SPARC scalable processor architecture - архитектура процессора с изменяемой вычислительной мощностью

SPC standard peripheral controller - контроллер стандартных периферийных устройств

SPDT single-pole, double-throw - однополюсный на два направления

spec specification - спецификация, определение

spec specimen - образец, образчик; пробный экземпляр

specs specifications - технические условия; технические требования

SPEL simple picture evaluation language - упрощенный машинный язык анализа изображений

SPF shortest path first - предпочтение кратчайшего пути

SPGA staggered pin grid array - плоский корпус с матрицей штырьковых выводов, расположенных в шахматном порядке

SPI service provider interface - интерфейс поставщиков услуг

SPI system programming interface - интерфейс системного программирования

SPIRS Silver Platter information retrieval software - программное обеспечение считывания информации фирмы "Silver Platter"

SPM security policy model - модель политики безопасности

SPM service provider multiplexer - мультиплексер сервисной службы

SPN service protection network - сеть с автоматической защитой от несанкционированного доступа

SPP	**S**equenced **P**acket **P**rotocol - протокол последовательной передачи пакетов
SPP	**s**tandard **p**arallel **p**ort - стандартный параллельный порт
SPQE	**s**ub**p**ool **q**ueue **e**lement - элемент очереди подпулов
SPS	**s**hop **p**lanning **s**ystem - система планирования поставок *(элемент системы Maxi-Merlin)*
SPS	**s**tandby **p**ower **s**ystem - встраиваемая система электропитания
SPST	**s**ingle-**p**ole, **s**ingle-**t**hrow - однополюсный на одно направление
SPX	**s**equenced **p**acket e**x**change - последовательный обмен пакетами
sq	**sq**uare - квадрат; прямоугольник; квадратный; прямоугольный
SQA	**s**oftware **q**uality **a**ssurance - обеспечение качества программных продуктов
SQC	**s**tatistical **q**uality **c**ontrol - статистический контроль качества
SQE (T)	**s**ignal **q**uality **e**rror (**t**est) - тестирование качества сигнала
SQL	**s**tructured **q**uery **l**anguage - язык структурированных запросов
SQP	**s**ervice **q**uery **p**acket - пакет запросов об услугах
sqrt	**sq**uare **r**oo**t** - квадратный корень
SR	**s**hift **r**egister - сдвиговый регистр, регистр со сдвигами
SR	**s**hift **r**everse - перемена направления сдвига
SR	**s**peed **r**egulator - регулятор скорости
SR	**s**tatus **r**egister - регистр состояния
SR	**s**torage **r**egister - регистр запоминающего устройства; запоминающий регистр, регистр хранения

SRAM	static random access memory - статическое запоминающее устройство с произвольной выборкой, статическое ЗУПВ, СЗУПВ
SRAPI	speech recognition application programming interface - прикладной программный интерфейс распознавания речи
srch	search - поиск
SRM	system resources manager - администратор ресурсов системы
SRN	slotted-ring network - кольцевая локальная сеть с квантованной передачей
SS	sampled servo - шаблонное слежение
SS	signalling system - система сигнализации
SS	single-sided (disk) - односторонняя дискета
SS	speed switch - переключатель скорости
SS	spreadsheet simulation - эмулятор электронных таблиц
SS	stack segment - регистр сегмента стека
SS	sum of squares - сумма квадратов
SSAP	source service access point - точка доступа к обслуживанию источника
SSB	serial system bus - последовательная системная магистраль; последовательная системная шина
SSC	service support center - центр сервисной поддержки
SSD	single-sided disk - односторонний диск
SSD	solid state disk - твердотельные диски *(без вращающихся деталей)*
SSI	small-scale integration - интеграция малого уровня; с малым уровнем интеграции
SSRN	spread spectrum radio network - радиосеть с шумоподобными сигналами

SSRU	**s**tandard **s**peech **r**eproducing **u**nit - стандартный блок воспроизведения речи
SSS	**s**olid **s**tate **s**oftware - твердотельные программные средства
SSS	**s**ubscriber **s**ub**s**ystem - абонентская подсистема
SST	**s**pread **s**pectrum **t**ransmission - передача с разнесением сигнала по спектру
SST	**s**ynchronous **s**ystem **t**rap - синхронное прерывание
ST	**S**chmidt **t**rigger - триггер Шмидта
st	**st**art - (за)пуск; начало
st	**st**ore - запоминающее устройство, ЗУ
STA	**s**panning-**t**ree **a**lgorithm - древовидный алгоритм, алгоритм остового дерева
sta	**sta**tion - место, местоположение, позиция; устройство; блок; (абонентский) пункт, станция; терминал
sta	**sta**tionery - бумага для печатающих устройств
stat	**stat**istical - статистический
stat	**stat**istics - статистика
stby	**st**and**by** - резервное (запасное) оборудование, резерв; резервный, запасной
STC	**S**atellite **T**elevision **C**onference - Конференция по спутниковому телевидению
STC	**s**tandard **t**ransmission **c**ode - стандартный код для передачи данных
STD	**st**an**d**ard - стандарт
STD	**s**tate **t**ransition **d**iagram - диаграмма переходов состояний
STD	**s**uperconductive **t**unneling **d**evice - туннельный сверхпроводящий элемент
std	**st**an**d**ard - стандарт
stdby	**st**an**db**y - резервное (запасное) оборудование, резерв; резервный, запасной

stg	**stage** - каскад; стадия; разряд; ступень
stg	**storage** - запоминающее устройство, ЗУ, накопитель
STI	**scientific and technological information** - научно-техническая информация
STL	**Schottky transistor logic** - транзисторные логические схемы с диодами Шотки
STM	**statistical multiplexing** - статистическое мультиплексирование (уплотнение)
STM	**synchronous transfer mode** - синхронный режим передачи
stmt	**statement** - утверждение; предложение; высказывание; формулировка; оператор
STN	**super twisted nematic matrix** - супертвистовая нематическая матрица
STN	**switched telephone network** - коммутируемая телефонная сеть
stn	**station** - место, местоположение, позиция; устройство; блок; (абонентский) пункт, станция; терминал
st(o)r	**storage** - запоминающее устройство, ЗУ, накопитель
STP	**shielded twisted-pair (wiring)** - экранированная витая (скрученная) пара (проводов), ЭВП
STP	**software testing program** - программа тестирования программного обеспечения
STR	**synchronous transmitter - receiver** - синхронный приемопередатчик
STRADIS	**strategic architecture for the deployment of information systems** - стратегическая архитектура для развертывания информационных систем
STT	**secure transaction technology** - технология надежных транзакций

STTL Schottky transistor-transistor logic - транзисторно-транзисторные логические схемы с диодами Шотки, ТТЛШ-схемы; транзисторно-транзисторная логика с диодами Шотки

STX start of text - начало (передачи) текста

SU segmentation unit - устройство сегментации

SU system unit - системное устройство

sub substitution - замена, замещение; подстановка

sub subtract - вычесть *(название команды)*

SUB(ST) substitute - подставлять *(команда подстановки виртуальных дисков)*

subtr subtraction - вычитание

SUDS software update and distribution system - система распространения и обновления (модернизации) программного обеспечения

sum. summary - краткое содержание; резюме; аннотация

summ summarize - суммировать, подводить итог

SUN school uniting network - сеть, объединяющая школы

SUN Stanford University network - сеть Стэнфордского университета

supvr supervisor - супервизор; управляющая программа, диспетчер

SURVNET survivable network - сеть с повышенной живучестью

SUS speech-understanding system - система распознавания речи

SUUG Society of Unix Users Group - Ассоциация пользователей операционной системы Unix

SV self-verification - самоконтроль

SVC speaker volume control - регулятор громкости, ручка регулирования громкости встроенного динамика

SVC switched virtual circuit - коммутируемый виртуальный канал
SVC supervisor call - вызов супервизора
svc service - служба; услуги, сервис; обслуживание; работа; эксплуатация
SVGA super VGA - супервидеографическая матрица
SVHS super video home system - супер-VHS
S-video separated video - раздельное видео
S-video stereo video - стереовидео, видеоизображение со стереозвуком
SVOS segmented virtual object store - сегментированное хранение виртуальных объектов
sw software - программное обеспечение, программные средства
sw switch - переключатель; коммутатор; ключ; выключатель
swbd switchboard - коммутационная панель; коммутационная доска; коммутационный щит; коммутатор
SWIFT Society for World-wide Interbank Financial Telecommunications - Общество всемирных межбанковских финансовых телекоммуникаций; Международная межбанковская электронная система платежей, СВИФТ
SX simplex - симплекс; симплексный
SY synchronized - синхронизированный; синхронный
sym symmetrical - симметрический; симметричный
sym system - система; установка; устройство; комплекс
SYN synchronous (character) - знак синхронизации
syn synchronous - синхронный
SYNC; sync synchronizer - синхронизирующее устройство, синхронизатор

SYNC; sync	**sync**hronizing - синхронизация; синхронизирующий	
SYNC; sync	**sync**hronizing signal - синхронизирующий сигнал, сигнал синхронизации	
SYNC; sync	**sync**hronous - синхронный	
SYS	**sys**tem - команда копирования системных файлов	
syst	**syst**em - система; установка; устройство; комплекс	
sz	**s**i**z**e - размер; длина; объем выборки; емкость запоминающего устройства	

T	teletype	телетайп
T	temperature	температура
T	tera-	тера-, 10^{12}
T	transformer	трансформатор; преобразователь
T	trigger	триггер, триггерная схема
T	true	истина
t	time	время; период времени; момент времени
TA	terminal adapter	абонентский адаптер
TA	transaction	входное сообщение; транзакция
TA	trunk access	доступ к магистрали (соединительным линиям)
tab	tabulation	табулирование
tab	tabulator	табулятор
TAC	technical assistance center	центр технической поддержки
TAC	technology application center	центр по применению технологий
TAC	terminal access controller	контроллер доступа к терминалу
TAC	transistorized automatic control	автоматическое устройство управления на транзисторах
TAC	token access controller	контроллер эстафетного доступа
TACS	total access communication system	полнодоступная система связи
TAP	test access port	тест-порт
TAPI	telephone application programming interface	интерфейс прикладного программного обеспечения систем телефонной связи; интерфейс программирования приложений телефонной связи

TAR	tape **ar**chives	- архивы на лентах
TARP	test-**a**nd-**r**epair **p**rocessor	- процессор контроля и восстановления, ПКВ
TAS	telephone **a**ccess **s**erver	- сервер телефонного доступа
TB	tera**b**it	- терабит (10^{12} бит)
TB	tera**b**yte	- терабайт (10^{12} байт)
TBC	time-**b**ase **c**orrector	- корректор временных искажений
tbl	**t**a**bl**e	- таблица
TBN	token-**b**us **n**etwork	- сеть с маркерной шиной
TBR	trap **b**ase **r**egister	- регистр базы ловушек
TBS	transparent **b**ridging **s**tandard	- стандарт прозрачных мостов
TBSC	**T**est **B**us **S**tandardization **C**ommittee	- Комитет по стандартизации шин для обеспечения тестируемости *(США)*
TC	tele**c**ommunication	- телекоммуникации
TC	tera**c**ycle	- терацикл; терагерц, Тгц
TC	time of **c**omputation	- время вычисления
TC	transfer **c**omplete	- передача завершена *(сигнал)*
TC	transmission **c**ontroller	- контроллер передачи (данных)
tc	**t**racking **c**ross	- следящее перекрестие
TCAM	tele**c**ommunications **a**ccess **m**ethod	- телекоммуникационный метод доступа
TCB	task **c**ontrol **b**lock	- блок управления задачей
TCB	trusted **c**omputing **b**ase	- достоверная вычислительная база, ДВБ
TCH	traffic **ch**annel	- канал информационного обмена
TCL	transistor-**c**oupled **l**ogic	- логические схемы с транзисторными связями

TCM terminal-to-computer multiplexer - мультиплексор канала связи терминал - вычислительная машина

TCM thermal conduction module - теплоотводящий модуль

TCM trellis-coded modulation - решетчатое кодирование

TCP Transmission Control Protocol - протокол управления передачей

TCP/IP Transmission Control Protocol / Internet Protocol - протокол управления передачей / протокол Internet

TCSEC trusted computer system evaluation criteria - критерий оценки пригодности компьютерных систем

TCSL transistor current-steering logic - логические схемы на транзисторах с переключателями тока

TCT task control table - управляющая таблица

TCTL transistor coupled transistor logic - транзисторные логические схемы со связью на транзисторах

TCU tape control unit - блок управления лентой

TCU transmission control unit - блок управления обменом сообщениями

TCU trunk coupling unit - устройство связи с магистралью

TD time delay - временная задержка, запаздывание

TD tunnel diode - туннельный диод

TDC transparent data channel - прозрачный канал передачи данных

TDCL tunnel diode-coupled logic - логические схемы со связью на туннельных диодах

TDCM transistor-driven core memory - память (запоминающее устройство) на (магнитных) сердечниках с транзисторным управлением

TDDL **t**ime-**d**ivision **d**ata **l**ink - канал передачи данных с разделением времени

TDG **t**est **d**ata **g**enerator - генератор тестовых данных, ГТД, генератор тестов; генератор испытательных данных

T-display **t**ouch-**display** - сенсорный дисплей

TDL **t**ransistor-**d**iode **l**ogic - логические схемы на транзисторах и диодах, диодно-транзисторные логические схемы, ДТЛ-схемы; диодно-транзисторная логика, ДТЛ

TDL **t**unnel-**d**iode **l**ogic - логические схемы на туннельных диодах, туннельно-диодная логика

TDM **t**ime-**d**ivision **m**ultiplexing - мультиплексная передача с временным разделением (каналов)

TDMA **t**ime-**d**ivision **m**ultiple **a**ccess - множественный доступ с временным разделением (уплотнением), МДВУ

TDP **t**ele**d**ata **p**rocessing - обработка телеметрических данных

TDS **t**ime-**d**ivision **s**witching - временная коммутация

TDTL **t**unnel **d**iode **t**ransistor **l**ogic - логические схемы на транзисторах и туннельных диодах

TE **t**raffic **e**fficiency - эффективность информационного обмена

telex **tele**typewriter **ex**change - телекс

TEP **t**erminal **e**mulation **p**rocessor - процессор эмуляции терминала

term **term**inal - терминал, оконечное устройство; зажим, клемма; ввод; вывод

TERN **T**elecommunications **E**ducation **R**esearch **N**etwork - научно-образовательная телекоммуникационная сеть, сеть TERN

TES **t**erminal **e**mulation **s**ervices - служба эмуляции терминалов

TF thin film - тонкая пленка
TF trap flag - флаг трассировки
TFC thin-film circuit - схема на тонких пленках, тонкопленочная схема
TFFET thin-film field-effect transistor - тонкопленочный канальный (полевой, униполярный) транзистор
TFLOPS teraflops - терафлопс, миллиард операций с плавающей запятой в секунду
TFT thin-film technology - тонкопленочная технология
TFT thin-film transistor - (тонко-)пленочный транзистор
TFT LCD thin-film transistor liquid-crystal display - жидкокристаллический дисплей на тонкопленочных транзисторах
TFTP Trivial File Transfer Protocol - простейший протокол передачи файлов
therm thermistor - терморезистор
THT token-holding timer - датчик времени блокировки маркера
TI time index - указатель времени
TIA Telecommunication Industry Association - Ассоциация промышленных средств связи
TIAT Transport Independent AppleTalk - транспортно-независимый протокол AppleTalk
TIB thread information block - блок информации нити; блок информации потока
TIDB technical information database - база данных технической информации
TIFF Tagged Image File Format - меченый формат файлов изображений *(формат графических файлов, разработанный фирмами "Microsoft" и Aldus Corp.)*

TIGA Texas Instruments Graphics Architecture - графическая архитектура среды Texas Instruments

TIGERS topologically integrated geographic encoding and referencing system - топологически интегрированная географическая справочная система шифрованного изображения

TIOB task input/output block - блок ввода-вывода задачи

TIOT task input/output table - таблица ввода-вывода задачи

TIP terminal interface processor - интерфейсный процессор терминала

TIPS trillion instructions per second - биллион (10^{12}) (одноадресных) команд в секунду

TI-RPC transport independent remote procedure call - удаленный вызов процедуры, независимый от транспортных средств

TIU transceiver/interface unit - блок приема-передачи/интерфейса

TL time limit - временной предел; выдержка времени

TL transmission level - уровень передачи

TL transmission line - линия передачи

T²L transistor-transistor logic - транзисторно-транзисторные логические схемы, ТТЛ-схемы

TLB translation look-aside buffer - буфер ассоциативной трансляции

TLI transport level interface - интерфейс транспортного уровня

TLS thread local storage - локальная память нитей; локальная память потоков

tltr translator - транслятор, транслирующая программа; преобразователь; транслятор; повторитель

TLU	table look-up - табличный поиск, поиск по таблице; обращение к таблице
tly	tally - итог, сумма; дубль, копия
TM	tape mark - метка (маркер) ленты; метка (маркер) для разделения записей на ленте
TM	tape module - модуль запоминающего устройства на (магнитной) ленте
TM	technical manual - техническое описание; техническая инструкция
TM	transaction manager - администратор транзакций
TM	transverse magnetized - намагниченный в поперечном направлении
tm	telemetering - телеметрирование, телеизмерение; телеметрический
TMDE	test, measurement and diagnostic equipment - контрольно-измерительная и диагностическая аппаратура
TMN	telecommunication management networks - сети управления телекоммуникациями
tmn	transmission - передача
TMOS	telecommunications management and operations support - управление телекоммуникациями и поддержка операций
tmp	temperature - температура
TMR	triple modular redundancy - тройное модульное резервирование
TMRC	triple modular redundant controller - контроллер с тройной модульной избыточностью
TMS	telephony messaging services - служба передачи сообщений по телефонным линиям
TMS	time-multiplexed switch - коммутатор с временным разделением (уплотнением)
TMS	time-multiplexed switching - коммутация с временным разделением (уплотнением)

TMS	traffic **m**anagement **s**ystem - система управления трафиком
TN	technical **n**ote - техническое примечание
TN	track **n**umber - номер дорожки, номер тракта
TNF	transfer on **n**o overflow - переход при отсутствии переполнения
TNI	trusted **n**etwork **i**nterpretation - интерпретация надежной сети
TNZ	transfer on **n**on**z**ero - переход по неравенству нулю
TOC	table **o**f **c**ontents - таблица содержимого
TOF	top **o**f **f**orm - начало страницы
TOP	**T**echnical and **O**ffice **P**rotocol - технико-учрежденческий протокол
TOS	**t**ape **o**perating **s**ystem - ленточная операционная система
TOS	top **o**f **s**tack - вершина стека
tot	**tot**al - (итоговая) сумма; контрольная сумма; итог
TP	**t**erminal **p**rocessor - терминальный процессор; процессор терминала
TP	**t**ransaction **p**rocessing - обработка транзакций
TP	**T**ransport **P**rotocol - транспортный протокол
TP	**t**wisted **p**air - витая пара (проводов)
tp	**ta**pe - лента
TPA	**t**ransient **p**rogram **a**rea - область временного хранения программ
TPAD	**t**ransparent **p**acket **a**ssembler and **d**isassembler - прозрачный сборщик и разборщик пакетов
TPD	**T**ransport **P**rotocol for **D**ata services - транспортный протокол для пересылки данных
TPI; tpi	**t**rack **p**er **i**nch - (число) дорожек на дюйм
TPL	**t**echnical **p**atch **l**ibrary - библиотека корректировок; библиотека исправленных частей кода

TPL	Turbo Pascal library - библиотека Турбо Паскаля
TPM	transaction per minute - транзакций в минуту
TPMA	token passing multiple access - множественный доступ с передачей маркера (в моноканал и циклическое кольцо)
tppi	touch points per inch - количество чувствительных к прикосновению точек на дюйм
TP-PMD	twisted pair - physical medium dependent - витая пара, зависящая от физической среды
TPR	Transport Protocol for Real-time service - транспортный протокол для работы в режиме реального времени
TP-R	transaction processing replication - тиражирование в системах обработки транзакций
TPS	terminals per station - (число) терминалов на абонентский пункт
TPS	test pattern set - набор тест-кодов
TPU	tape preparation unit - устройство подготовки ленты
TPU	Turbo Pascal unit - модуль Турбо Паскаля
TPW	Turbo Pascal for Windows - Турбо Паскаль для Windows
TPWR	typewriter - печатающее устройство; пишущая машинка
TR	task register - регистр сегмента состояния задачи
TR	technical report - технический отчет
TR	terminal ready - терминал готов *(индикатор модема)*
TR	transaction routing - маршрутизация транзакций; маршрутизация сообщений
tr	transfer - передача; пересылка; перенос; переход
tr	transistor - транзистор
tr	transmitter - трансмиттер, передатчик; преобразователь; датчик

trans	trans**f**ormer	- трансформатор; преобразователь
trans	trans**d**ucer	- датчик
transceiver	trans**m**itter/re**c**eiver	- приемопередатчик (трансивер)
trip	trip**l**icate	- утраивать; тройной
trk	tr**ack**	- дорожка; канал; тракт
TRL	**t**ransistor-**r**esistor **l**ogic	- резисторно-транзисторные логические схемы, РТЛ-схемы; резисторно-транзисторная логика, РТЛ
trml	ter**min**al	- терминал, оконечное устройство; зажим, клемма; ввод; вывод
TRN	**t**oken **r**ing **n**etwork	- локальная сеть кольцевого типа, локальная сеть с маркерным кольцом
trn	tra**n**sfer	- передача; пересылка; перенос; переход
trs	tran**s**istor	- транзистор
TRT	**t**oken-**r**otation **t**imer	- датчик периода повторения маркера
TS	**t**ime **s**haring	- разделение времени; режим разделения времени; работа с разделением времени
TSAPI	**t**elephony **s**erver **a**pplications **p**rogramming **i**nterface	- интерфейс программирования сервисных приложений телефонной связи
TSC	**t**ransmitter **s**tart **c**ode	- стартовый код трансмиттера
TSI	**t**ransmitting **s**ubscriber **i**dentification	- кадр идентификации передающего абонента
TSL	**t**hree **s**tate **l**ogic	- логические схемы с тремя состояниями
TSM	**t**erminal **s**ecurity **m**atrix	- таблица защиты терминалов
TSN	**t**erminal **s**upport **n**etwork	- сеть поддержки терминалов

TSO	time-sharing option - возможность работы с разделением времени; средства обеспечения режима разделения времени
TSP	telecommunication service priority - приоритет телекоммуникационных услуг
TSP	traveling salesman problem - задача коммивояжера
TSPI	telephone service provider interface - интерфейс поставщика телефонных услуг
TSR	terminate and stay resident - завершить работу и остаться резидентно в памяти компьютера
TSS	task state segment - сегмент состояния задачи
TSS	Telecommunications Standardization Sector - сектор по стандартизации телекоммуникаций *(Международного союза по телекоммуникациям)*
TSS	time-sharing system - система с разделением времени
TSS	time synchronization service - служба синхронизации времени
TSS	transaction security system - система безопасности транзакций
tst	test - испытание; проверка; контроль; тест
TT	teletype - телетайп
TT	testing time - время проверки
TT	traffic terminal - связной терминал
TT	throughput test - тест на пропускную способность
TTC	tape-to-card - с ленты на карты
TTL	transistor-transistor logic - транзисторно-транзисторные логические схемы, ТТЛ-схемы; транзисторно-транзисторная логика, ТТЛ
TTLSh	transistor-transistor logic (with) Schottky (diodes) - транзисторно-транзисторные логические схемы с диодами Шотки, ТТЛШ-схемы; транзисторно-транзисторная логика с диодами Шотки

TTM	thin transistor matrix - тонкопленочная транзисторная матрица
TTP	tape-to-print - с ленты на печать
TTR	transparent translation register - регистр преобразования адресов
TTRT	target token rotation time - контрольное время обращения маркера
TTS	text-to-speech - преобразователь "текст - речь"
TTS	transaction tracking system - система протоколирования транзакций
TTY	teletypewriter - телетайп
TU	tape unit - (запоминающее) устройство (накопитель) на ленте
TU	timing unit - реле времени; программное устройство; блок синхронизации, синхронизатор
TU	transmission unit - передающее устройство
tw	typewriter - печатающее устройство; пишущая машинка
TWX	teletype writer exchange - телетайпный обмен
Tx	transaction - транзакция

U; u **u**nit - единица измерения; устройство; узел; блок; прибор; звено; элемент
UA **u**ser **a**gent - агент пользователя, абонентская служба
UA **u**ser **a**rea - область пользователя
UAE **u**nidentified **a**pplication **e**rror - неидентифицированная ошибка в приложении
UAE **u**nrecoverable **a**pplication **e**rror - неисправимая ошибка прикладной программы
UAE **u**ser **a**gent **e**ntity - уровень агента пользователя
UART **u**niversal **a**synchronous **r**eceiver/**t**ransmitter - универсальный асинхронный приемопередатчик, УАПП
UBR **u**nspecified **b**it **r**ate - неопределенная скорость передачи
UC **u**pper **c**ase - верхний регистр
UCA **u**niversal **c**ommunications **a**rchitecture - универсальная коммуникационная архитектура
UCB **u**nit **c**ontrol **b**lock - блок управления устройством
UCI **u**niversal **c**ustomer **i**nterface - универсальный абонентский интерфейс
UCM **u**niversal **c**able **m**odule - универсальный кабельный модуль
UCM **u**ser **c**ommunication **m**anager - менеджер связи пользователя *(программа)*
UCS **u**niversal **c**ommunication **s**ystem - универсальная система связи
UCS **u**ser **c**oordinate **s**ystem - система координат пользователя

UCT universal coordinated time - универсальное скоординированное время

UDC user-defined command - команда, определяемая пользователем

UDF user-defined function - функция, определяемая пользователем; пользовательская функция

UDP User Datagram Protocol - пользовательский дейтаграммный протокол

UDS universal directory services - универсальная служба каталогов

UFI user friendly interface - дружественный интерфейс

UFLO underflow - исчезновение (значащих) разрядов, потеря значимости

UFO user familiar objects - объекты, привычные пользователю

UHF ultra high frequency - сверхвысокая частота

UIC user interface circuit - устройство абонентского сопряжения

UID user identificator - идентификатор пользователя

uid universal identifier - универсальный идентификатор; универсальное имя

UIMS user interface management system - система управления пользовательским интерфейсом

ULA uncommitted logic array - несвязная логическая матрица

ULA universal logic array - универсальная логическая матрица

ULP Upper-Layer Protocol - протокол верхнего уровня

ULSI ultra large-scale integration - интеграция ультравысокого уровня; с ультравысоким уровнем интеграции; ультрабольшая интегральная схема, УБИС

UM	**u**ser **m**anager - менеджер пользователя, абонентская система управления
UMA	**u**pper **m**emory **a**rea - область верхней памяти
UMB	**u**pper **m**emory **b**lock - блоки верхней памяти
UNC	**U**niversal **N**aming **C**onvention - Соглашение об универсальных именах
unc	**unc**onditional - безусловный
UNF	**un**iversal **f**ile system - универсальная файловая система
UNI	**u**ser **n**etwork **i**nterface - интерфейс "абонент - сеть"
unld	**unl**oa**d** - разгрузить (название команды)
UNMA	**u**nified **n**etwork **m**anagement **a**rchitecture - единая архитектура управления сетями; унифицированная архитектура управления сетью
UOW	**u**nit **o**f **w**ork - единица работы; элементарная операция
unpkd	**unp**ac**k**e**d** - неупакованный
UPC	**u**niversal **p**roduct **c**ode - универсальный код товара
UPS	**u**ninterruptable **p**ower **s**upply - источник бесперебойного питания, ИБП
UR	**u**nit **r**ecord - единичная запись; элементарная запись
URL	**u**niform **r**esource **l**ocator - унифицированный указатель ресурсов
US	**u**nit **s**eparator - разделитель элементов (данных)
USART	**u**niversal **s**ynchronous/**a**synchronous **r**eceiver/**t**ransmitter - универсальный синхронно-асинхронный приемопередатчик, УСАПП
USB	**u**niversal **s**erial **b**us - универсальная последовательная шина

USI	**u**ser - **s**ystem **i**nterface - интерфейс "абонент - система"
USM	**u**ser **s**ecurity **m**atrix - таблица защиты пользователей
UTC	**u**niversal **t**ime **c**oordinated - универсальное время
UTP	**u**nshielded **t**wisted-**p**air (wiring) - неэкранированная витая пара (проводов), НВП
UUCP	**U**NIX-**to**-**U**NIX **C**ommunication **P**rotocol - протокол связи между UNIX-системами
UUCP	**U**NIX-**to**-**U**NIX **c**opy **p**rogram - программа копирования UNIX-UNIX
UUE	**u**ser **u**nrecoverable **e**rror - неисправимая ошибка пользователя
UUID	**u**niversally **u**nique **id**entifier - универсальный уникальный идентификатор
UUT	**u**nit **u**nder **t**est - проверяемый прибор; испытываемое устройство; объект испытаний
UVEPROM	**u**ltraviolet-**e**rasable **p**rogrammable **r**ead-**o**nly **m**emory - программируемое ПЗУ с ультрафиолетовым стиранием информации
UVM	**U**niversal **V**irtual **M**achine - универсальная виртуальная машина

va value - значение; величина; оценка
VAC value-added carrier - высококачественная арендуемая линия связи; компания - владелец сети, предоставляющей дополнительные услуги
VAD value-added distributor - поставщик, интегрирующий систему "под ключ"
VAD voltmeter with analog-to-digital converter - цифровой вольтметр
VADN value added data network - сеть передачи данных с "добавленной стоимостью" (с дополнительными услугами)
VADS value added and data service - служба, осуществляющая расширение ассортимента предоставляемых услуг и передачу данных
VAFC VESA advanced feature connector - усовершенствованный разъем VESA
VAN value added network - сеть с "добавленной стоимостью" *(добавляются услуги электронной коммутации, хранения данных, преобразования протоколов, обнаружения и исправления ошибок, электронной почты)*
V and V verification and validation - (приемочные) испытания
VANS value added network services - сеть с дополнительными услугами
VAP value-added process - добавляемый процесс
VAR value-added reseller - продавец компонентов для интеграции системы "под ключ"; реселлер, вносящий добавленную стоимость

var	**var**iable - переменная (величина); изменяемый; переменный; регулируемый
VAS	**v**alue **a**dded **s**ervice - сервис с "добавленной стоимостью" (с дополнительными услугами)
VATP	**v**ector **a**daptive **t**ransform **p**rocessing - адаптивное векторное преобразование
VBA	**V**isual **B**asic for **a**pplications - Visual Basic для приложений
VBI	**v**ertical **b**lanking **i**nterval - вертикальный пустой интервал
VBR	**v**ariable **b**it **r**ate - переменная скорость передачи
VC	**v**ide**o**conferencing - видеоконференция
VC	**v**irtual **c**ircuit - виртуальная цепь, виртуальный канал
VC	**v**oltage **c**omparator - компаратор напряжений
VCA	**v**ideo **c**apture **a**dapter - адаптер оцифровки видеоизображений
VCD	**v**ariable-**c**apacitance **d**iode - параметрический диод, варикап
VCI	**v**irtual **c**ircuit **i**dentifier - идентификатор виртуального канала
VCM	**v**irtual **c**all **m**ode - режим виртуального вызова
VCM	**v**irtual **c**hannel **m**emory - память "виртуальный канал"
VCPI	**v**irtual **c**ontrol **p**rogram **i**nterface - виртуальный управляющий программный интерфейс
VCR	**v**ideo**c**assette **r**ecorder - кассетный видеомагнитофон
VCS	**v**ersion **c**ontrol **s**ystem - система контроля версий
VD	**v**erified **d**esign - проверяемая разработка
VDE	**v**ideo **d**ata **e**lements - элементы данных изображения
VDE	**v**ideo **d**isplay **e**lements - элементы видеоизображения

VDI	**v**ideo **d**evice **i**nterface - интерфейс видеоустройств
VDI	**v**irtual **d**evice **i**nterface - интерфейс виртуального устройства
VDI	**v**oice/**d**ata **i**ntegration - интеграция речи и данных
VDK	**v**isual **d**ynamic **k**eyboard - визуальная динамическая клавиатура
VDM	**v**irtual **DOS m**achine - виртуальная машина DOS
VDMA	**v**irtual **d**irect **m**emory **a**ccess - прямой доступ к памяти по виртуальному адресу
VDP	**v**ideo **d**isplay **p**rocessor - видеодисплейный процессор
VDS	**v**ideo **d**ata **s**equence - последовательность видеоданных
VDS	**v**irtual **d**irect memory access **s**ervices - виртуальные услуги по прямому доступу к памяти
VDT	**v**isual **d**isplay **t**erminal - видеотерминал; устройство визуального отображения
VDU	**v**isual **d**isplay **u**nit - устройство визуального отображения; дисплей
ver	**ver**sion - вариант; версия
verif	**verif**ication - контроль; проверка; верификация
VESA	**V**ideo **E**lectronics **S**tandards **A**ssociation - Ассоциация видеографических стандартов
VF	**v**ector **f**acility - векторная обработка
VFAT	**v**irtual **f**ile **a**llocation **t**able - таблица размещения файлов виртуальной файловой системы
V-FET	**v**ertical **f**ield-**e**ffect **t**ransistor - канальный (полевой, униполярный) транзистор с вертикальной геометрией
VFS	**v**irtual **f**ile **s**ystem - виртуальная файловая система

VFT	voice-frequency (carrier telegraph) terminal - телеграфный терминал со звуковой несущей (частотой)
VFW	Video for Windows - видео для Windows *(программный пакет компании "Microsoft")*
VGA	variable-gain amplifier - усилитель с нелинейной характеристикой (по усилению)
VGA	video graphics array - видеографическая матрица
VHD	very high density - очень высокая плотность
VHD	video high density (format) - формат высокой плотности видеоданных
VHLL	very high-level language - язык сверхвысокого уровня
VHPIC	very high-performance integrated circuit - сверхвысокопроизводительная интегральная схема, СПИС *(Великобритания)*
VHS	video home system - домашняя видеосистема; формат видеоленты
VHSIC	very high-speed integrated circuit - сверхбыстродействующая интегральная схема, ССИС
VIL	vertical injection logic - инжекционные логические схемы с вертикальной геометрией
VILD	visual language for databases - язык описания видеоизображений для баз данных
VIM	vendor independent messaging - передача сообщений, независимая от поставщиков
VIP	video image processor - процессор видеоизображений
VIP	visionary interpreter for PostScript - программа-интерпретатор входных данных для пакета PostScript
VIP	visual programming - визуальное программирование

VITC vertical interval time code - временной код в вертикальном интервале

VLAN very large local area network - сверхбольшая локальная вычислительная сеть

VLAN virtual local area network - виртуальная локальная вычислительная сеть

VLB VESA local bus - локальная шина VESA

VLDR very low data rate - сверхнизкая скорость передачи данных

VLED visible light emitting diode - светодиод с видимым спектром излучения

VLIW very long instruction word - "очень длинное командное слово"; широкая команда

VLM very large memory - высокообъемная память

VLM virtual loadable module - виртуальный загрузочный модуль

VLP variable licence pack - переменная лицензия

VLSI very large-scale integration - интеграция сверхвысокого уровня; со сверхвысоким уровнем интеграции; сверхбольшая интегральная схема, СБИС

VM virtual machine - виртуальная машина

VMC video memory controller - контроллер видеопамяти

VME virtual machine environment - среда виртуальной машины; режим виртуальной машины

VMM virtual memory manager - модуль управления виртуальной памятью

VMOS virtual memory operating system - операционная система с виртуальной памятью

VMOS V-metal-oxide-semiconductor - МОП-структура с V-образными канавками

vmp voted multiprocessor - мультипроцессорная система с голосованием

VMS virtual memory system - система виртуальной памяти

VMSYS vehicle management system - система управления средствами перевозки

VMT virtual method tables - таблицы виртуального метода

VNC voice numerical control - система числового управления с речевым вводом команд

Vol volume - команда просмотра имен дисков (меток томов)

VOLSER volume serial number - номер тома *(в многотомном файле)*

VOM virtual object manager - виртуальный менеджер объектов

VOM volt-ohm meter - вольтметр/измеритель сопротивления; мультиметр

VOS vision operating system - визуальная операционная система

VOSIM voice simulator - моделирующее устройство для имитации речи, имитатор речи

VP verified protection - проверяемая защита

VPDN virtual private data network - виртуальная частная сеть передачи данных

VPN virtual private network - виртуальная частная сеть

VPort video-port - порт монитора

VR virtual reality - система виртуальной реальности

VR voltage regulator - регулятор напряжения; (регулируемый) стабилизатор напряжения

VRAM video random-access memory - запоминающее устройство с произвольной выборкой для сопряжения микропроцессора с телевизионным монитором, видеоОЗУ

VRC vertical redundancy check - поперечный контроль по избыточности

VRC visible record computer - вычислительная машина с визуальным отображением записей

VROOMM virtual run-time object-oriented memory manager - объектно-ориентированный менеджер виртуальной памяти

VRS virtual routing services - сервис виртуальной маршрутизации

VRS voice recognition system - система распознавания речи

VSA virtual system architecture - архитектура виртуальной системы

VSAM virtual storage access method - виртуальный метод доступа

VSAT very small aperture terminal - терминал с малым диаметром антенны (с очень малой апертурой), малая наземная станция спутниковой антенны

VSLED voltage sensitive light emitting diode - светодиод, чувствительный к напряжению

VSM virtual storage management - управление виртуальной памятью

VT vacuum tube - электровакуумный прибор; электронная лампа

VT vertical tabulation - вертикальное табулирование

VT video terminal - видеотерминал

VT virtual terminal - виртуальный терминал

VTAM virtual telecommunications access method - виртуальный телекоммуникационный метод доступа

VTL variable threshold logic - логические схемы (на элементах) с переменным порогом

VTOC volume table of contents - каталог тома
VTR video tape recorder - устройство записи на видеоленту
VUE visual user environment - визуальная пользовательская среда; среда обработки визуальной информации
VW-grammar van Wijngaarden **grammar** - грамматика Ван Вейнгардена, двухуровневая грамматика

WABI Windows application binary interface - прикладной двоичный интерфейс для Windows

WAC wide area connector - объединяющий блок для глобальной связи

WAIS wide area information server - сервер глобальной информации

WAN wide area network - крупномасштабная (глобальная) сеть

WATS wide area telecommunications service - глобальная служба телекоммуникаций

WATS wide area telephone service - служба междугородной телефонной связи; телефонная служба континентальной части США

WCN wide area corporate network - междугородная (региональная) корпоративная сеть

WCS work card system - индивидуальная рабочая карта *(элемент системы Maxi-Merlin)*

WD Winchester drive - дисковый накопитель типа "винчестер"

wd word - слово

WDM Windows driver model - модель драйверов для Windows

WDMA wavelength division multiple access - множественный доступ с разделением длины волны

WEP Windows exit procedure - процедура выхода Windows

WFS workflow software - программное обеспечение автоматизации деловых процедур

WFW Windows for Workgroups - Windows для рабочих групп

WG working group - рабочая группа

WIIS Wang integrated image system - система интеграции изображений фирмы "Wang"

WIMP window, icon, menu, pointer - интерфейс "окно, раздел, меню, указатель"

WIN Windows - операционная система Windows

WIN wireless information network - беспроводная информационная сеть

WIN wireless in-building network - беспроводная внутренняя сеть

WIN workstation interface node - узел взаимодействия с рабочими станциями

WINS warehouse information network system - бытовая информационная сетевая система передачи данных *(США)*

WINS Windows integrated name server - интегрированный сервер имен Windows

WISC wide-instruction set computing - вычислительная система с широким набором команд

WKS workstation - автоматизированное рабочее место, АРМ

W²L wired-OR, wired-AND logic - логические схемы типа монтажное ИЛИ - монтажное И

WMF Windows metafile - метафайл Windows *(графический формат)*

WN wireless network - беспроводная сеть; радиосеть

WORM write-once/read many - с однократной записью и многократным считыванием

WOS wireless office system - учрежденческая система радиосвязи

WOSA Windows open services architecture - архитектура открытых услуг Windows

WP word processing - обработка (подготовка) текстов

WPL Windows personal library - персональный библиотекарь для Windows

WPM windows presentation manager - администратор представления окон

WPM; wpm words per minute - (число) слов в минуту *(единица скорости считывания, записи или передачи информации)*

WPS Windows printing system - система печати Windows

WPS word processing simulation - эмулятор текстового процессора

WR workspace register - рабочий регистр

wrk work - работа; действие

WRU who-are-you - "кто там", КТ *(символ автоответчика)*

WSI wafer-scale integration - интеграция в масштабе (целой) пластины

WWW World Wide Web - "Всемирная паутина" *(всемирная компьютерная сеть)*

WYDIWYS what you do is what you see - "что делаешь, то и видишь"

WYPIWYF what you print is what you fax - "что печатаешь на принтере, то и будет передано по факсу" *(технология для модемов факсимильных персональных компьютеров)*

WYSIWIS what you see is what I see - "то, что вы видите, - это то, что вижу я" *(технология, используемая в телеконференциях)*

WYSIWYG what you see is what you get - "что видишь, то и получишь" *(режим текстового редактора или издательской системы, при котором изображение на экране дисплея полностью соответствует тому, что будет получено при печати)*

WYSIWYS what you see is what you see - "что видите, - то и есть" *(режим полного визуального соответствия)*

XCOFF extended common object file format - расширенный общий формат объектных файлов

X-d X-dimension - в направлении оси X; по абсциссе

XDP external data presentation - внешнее представление данных

XDR external data representation - внешнее представление данных

XGA extended graphic array - расширенная графическая матрица

XGA extended graphics adapter - расширенный графический адаптер

XGA extended graphics architecture - расширенная графическая архитектура

XIO execute input/output - выполнить ввод-вывод *(название команды)*

XIS Xerox imaging system - система обработки изображений фирмы "Xerox"

XMA extended memory area - область расширенной памяти

XMC external microcontroller - внешний микроконтроллер

XMM extended memory manager - администратор расширенной памяти

XMS extended memory specification - спецификация расширенной памяти

XNA extended network architecture - расширенная архитектура сети

XNOR exclusive NOR - исключающее НЕ - ИЛИ

XNS Xerox network services - сетевая служба фирмы "Xerox"

XNS	**X**erox **n**etwork **s**ystem - сетевая система фирмы "Xerox"
XOR	e**x**clusive **OR** - исключающее ИЛИ
XT-bus	e**x**tended **t**echnology **bus** - шина персонального компьютера с расширенной технологией

Y-d	**Y-d**imension - в направлении оси Y; по ординате

z	**z**ero - нуль
ZC	**z**one **c**oordinator - координатор зоны
ZCAV	**z**oned **c**onstant **a**ngular **v**elocity - зонная постоянная угловая скорость
Z-d	**Z-d**imension - в направлении оси Z; по аппликате
ZF	**z**ero **f**lag - флаг нуля
ZIF	**z**ero **i**nsertion **f**orce - с нулевым усилением сочленения
ZIP	**z**igzag-**i**n-line **p**ackage - плоский корпус со штырьковыми выводами, расположенными зигзагообразно
ZMH	**z**one **m**ail **h**our - почтовый час зоны
zn	**z**o**n**e - зона; область

НЕКОТОРЫЕ РАСШИРЕНИЯ ФАЙЛОВ

- .ADI AutoCAD
- .AI Adobe Illustrator (графика)
- .ANI анимационный файл для программы PC Animate
- .ASM исходный текст на языке Assembler
- .AVI Audio Video Interleave (чередование аудио и видео) - формат для Video for Windows
- .BAK резервная копия Word, CorelDRAW!
- .BAS исходный текст на языке BASIC
- .BAT пакетный командный файл
- .BIN промежуточный файл для компиляции
- .BMP Windows BitMaP
- .C исходный текст на языке Си
- .CDR CorelDRaw
- .CDT шаблон CorelDRAW!
- .CFG файл конфигурации
- .CGM Computer Graphics Metafile
- .CMF Creative Music File
- .COM (COMmand) - исполняемый файл
- .CPI файл с данными кодовой страницы
- .CVF Compressed Volume File - файл сжатого тома (Stacker, DoubleSpace)
- .DAT файл данных
- .DB таблица Paradox
- .DBF dBase
- .DBT dBase
- .DCA Document Content Architecture
- .DIB Dib Independent Bitmap (Microsoft Windows DIB)
- .DIF data interchange file - таблица Visicalc
- .DLL файлы, содержащие инструкции, используемые всеми приложениями Windows
- .DOC Word для DOS, Word для Windows, Multimate, Advantage, Wang
- .DRW Micrografx Designer
- .DX DEC WPS-Plus
- .DXF Drawing eXchange Format - формат обмена рисунками (AutoCAD 2D)

Расширения файлов

.EPS	Encapsulated PostScript
.EXE	исполняемый файл
.FAM	список связанных файлов (СУБД Paradox for Windows)
.FDL	оттранслированная форма файла (СУБД Paradox for Windows)
.FLC	анимационный файл для программ Media-Player, Autodesk AAPlay
.FLI	анимационный файл для программ Media-Player, Autodesk AAPlay
.FSL	сохраненная форма файла (СУБД Paradox for Windows)
.FTL	временная форма файлов (СУБД Paradox for Windows)
.GEN	файл предметного указателя Ventura Publisher for Windows
.GIF	Graphics Interchange Format - формат обмена графическими данными (CompuServe GIF)
.HGL	HP Graphics Language
.HLP	файл помощи (подсказки)
.ICO	пиктограмма для Windows
.IWP	Wang
.JPG	JPEG, Joint Photographic Expert Group
.LIB	библиотечный файл
.LST	файл с листингом программы
.MAP	листинг компоновки выполнимого файла
.MFF	мультимедийный файл, имеющий формат MIDI
.MID	мультимедийный файл, имеющий формат MIDI
.MOD	(module) - мультимедийный музыкальный файл
.MOV	мультимедийный видеофайл
.MPG	мультимедийный видеофайл
.MTS	мультимедийный звуковой файл
.OBJ	(OBJect) - объектный файл
.OTX	Olitext
.OVL	оверлейный файл
.OVR	оверлейный файл
.PAL	файл палитр CorelDRAW!
.PAS	исходный текст на языке Паскаль
.PAT	файл заливок CorelDRAW!

.PCD	мультимедийный файл, содержащий фото Kodak PhotoCD
.PCW	PCWrite
.PCX	Paintbrush
.PDF	Portable Document Format - переносимый формат документов (Adobe Acrobat Capture)
.PIC	Video Show, Lotus 1-2-3
.PLT	HPGL-Plot
.PM5, PM6	Документ PageMaker 5 или PageMaker 6
.PNT	MacPaint
.POW	Power Chords - музыкальный файл
.PT5, PT6	Шаблон PageMaker 5 или PageMaker 6
.RDI	Microsoft RIFF DIB
.RFT	Revisable Form Text
.RLE	Microsoft Windows DIB
.RTF	MS Rich Text Format
.SAM	Samna AmiPro, Samna Word
.SDF	текстовый файл с фиксированным форматом записи без разделителей между полями
.SEQ	мультимедийный музыкальный файл Power Track Pro
.SYS	драйвер устройства
.TGA	Truevision TGA - мультимедийный файл, содержащий фото
.TIF	Tagged Image File Format (формат графических файлов, разработанный фирмами "Microsoft" и "Aldus Corp.")
.TXT	ASCII - текстовый файл
.VOC	формат звукового файла фирмы "Creative Labs"
.WAV	формат звукового файла компании "Microsoft"
.WMF	Windows Metafile
.WP	Word Perfect
.WP5	Word Perfect 5
.WPG	DrawPerfect
.WRI	Windows Write
.WS	WordStar
.XLS	документ Excel
.XLT	шаблон Excel
.XWR	текстовый файл Xerox Writer
.$XX	временный или ошибочный файл

INTERNET COUNTRY CODES
ИНТЕРНЕТ-КОДЫ СТРАН

AC	Ascension Island - остров Вознесения (Великобритания)
AD	Andorra - Андорра
AE	United Arab Emirates - Объединенные Арабские Эмираты
AF	Afghanistan - Афганистан
AG	Antigua and Barbuda - Антигуа и Барбуда
AI	Anguilla - остров Ангилья (Великобритания)
AL	Albania - Албания
AM	Armenia - Армения
AN	Netherlands Antilles - Нидерландские Антильские острова
AO	Angola - Ангола
AQ	Antarctica - Антарктика
AR	Argentina - Аргентина
AS	American Samoa - Американское Самоа
AT	Austria - Австрия
AU	Australia - Австралия
AW	Aruba - Аруба
AZ	Azerbaijan - Азербайджан
BA	Bosnia and Herzegovina - Босния и Герцеговина
BB	Barbados - Барбадос
BD	Bangladesh - Бангладеш
BE	Belgium - Бельгия
BF	Burkina Faso - Буркина Фасо
BG	Bulgaria - Болгария
BH	Bahrain - Бахрейн
BI	Burundi - Бурунди
BJ	Benin - Бенин
BM	Bermuda - Бермудские острова
BN	Brunei Darussalam - Бруней

Internet Country Codes

BO	Bolivia - Боливия
BR	Brazil - Бразилия
BS	Bahamas - Багамские острова
BT	Bhutan - Бутан
BV	Bouvet Island - остров Буве
BW	Botswana - Ботсвана
BY	Belarus - Белоруссия
BZ	Belize - Белиз
CA	Canada - Канада
CC	Cocos (Keeling) Islands - Кокосовые острова (Австралия)
CF	Central African Republic - Центральноафриканская Республика
CG	Congo - Конго
CH	Switzerland - Швейцария
CI	Cote D'Ivoire (Ivory Coast) - Кот-д'Ивуар
CK	Cook Islands - острова Кука
CL	Chile - Чили
CM	Cameroon - Камерун
CN	China - Китай
CO	Colombia - Колумбия
CR	Costa Rica - Коста-Рика
CS	Czechoslovakia (former) - Чехословакия (бывшая)
CU	Cuba - Куба
CV	Cape Verde - острова Зеленого мыса
CX	Christmas Island - остров Рождества
CY	Cyprus - Кипр
CZ	Czech Republic - Чешская Республика
DE	Germany - Германия
DJ	Djibouti - Джибути
DK	Denmark - Дания
DM	Dominica - Доминика
DO	Dominican Republic - Доминиканская Республика
DZ	Algeria - Алжир
EC	Ecuador - Эквадор

Internet Country Codes

EE	Estonia - Эстония
EG	Egypt - Египет
EH	Western Sahara - Западная Сахара
ER	Eritrea - Эритрея
ES	Spain - Испания
ET	Ethiopia - Эфиопия
FI	Finland - Финляндия
FJ	Fiji - Фиджи
FK	Falkland Islands (Malvinas) - Фолклендские (Мальвинские) острова
FM	Micronesia - Микронезия
FO	Faeroe Islands - Фарерские острова
FR	France - Франция
FX	France, Metropolitan - Франция, метрополия
GA	Gabon - Габон
GB	Great Britain (UK) - Великобритания
GD	Grenada - Гренада
GE	Georgia - Грузия
GF	French Guiana - Французская Гвиана
GH	Ghana - Гана
GI	Gibraltar - Гибралтар
GL	Greenland - Гренландия
GM	Gambia - Гамбия
GN	Guinea - Гвинея
GP	Guadeloupe - Гваделупа
GQ	Equatorial Guinea - Экваториальная Гвинея
GR	Greece - Греция
GS	S. Georgia Island. - остров св. Георгия
GT	Guatemala - Гватемала
GU	Guam - Гуам
GW	Guinea-Bissau - Гвинея-Бисау
GY	Guyana - Гайана
HK	Hong Kong - Гонконг
HM	Heard and McDonald Islands - острова Херда и Макдональда

Internet Country Codes

HN	Honduras - Гондурас
HR	Croatia (Hrvatska) - Хорватия
HT	Haiti - Гаити
HU	Hungary - Венгрия
ID	Indonesia - Индонезия
IE	Ireland - Ирландия
IL	Israel - Израиль
IN	India - Индия
IO	British Indian Ocean Territory - Британские территории в Индийском океане
IQ	Iraq - Ирак
IR	Iran - Иран
IS	Iceland - Исландия
IT	Italy - Италия
JM	Jamaica - Ямайка
JO	Jordan - Иордания
JP	Japan - Япония
KE	Kenya - Кения
KG	Kyrgyzstan - Кыргызстан
KH	Cambodia - Камбоджа
KI	Kiribati - Кирибати
KM	Comoros - Коморы
KN	Saint Kitts and Nevis - Сент-Кристофер и Невис
KP	Korea (North) - Северная Корея
KR	Korea (South) - Южная Корея
KW	Kuwait - Кувейт
KY	Cayman Islands - острова Кайман
KZ	Kazakhstan - Казахстан
LA	Laos - Лаос
LB	Lebanon - Ливан
LC	Saint Lucia - Сент-Люсия
LI	Liechtenstein - Лихтенштейн
LK	Sri Lanka - Шри-Ланка
LR	Liberia - Либерия
LS	Lesotho - Лесото

Internet Country Codes

LT	Lithuania - Литва
LU	Luxembourg - Люксембург
LV	Latvia - Латвия
LY	Libya - Ливия
MA	Morocco - Марокко
MC	Monaco - Монако
MD	Moldova - Молдова
MG	Madagascar - Мадагаскар
MH	Marshall Islands - Маршалловы острова
MK	Macedonia - Македония
ML	Mali - Мали
MM	Myanma - Мьянма
MN	Mongolia - Монголия
MO	Macau - Макао
MP	Northern Mariana Islands - Северные Марианские острова
MQ	Martinique - Мартиника
MR	Mauritania - Мавритания
MS	Montserrat - остров Монтсеррат (Великобритания)
MT	Malta - Мальта
MU	Mauritius - Маврикий
MV	Maldives - Мальдивские острова
MW	Malawi - Малави
MX	Mexico - Мексика
MY	Malaysia - Малайзия
MZ	Mozambique - Мозамбик
NA	Namibia - Намибия
NC	New Caledonia - Новая Каледония
NE	Niger - Нигер
NF	Norfolk Island - остров Норфолк
NG	Nigeria - Нигерия
NI	Nicaragua - Никарагуа
NL	Netherlands - Нидерланды
NO	Norway - Норвегия
NP	Nepal - Непал

Internet Country Codes

NR	Nauru - Науру
NT	Neutral Zone - Нейтральная Зона
NU	Niue - Ниуэ
NZ	New Zealand (Aotearoa) - Новая Зеландия
OM	Oman - Оман
PA	Panama - Панама
PE	Peru - Перу
PF	French Polynesia - Французская Полинезия
PG	Papua New Guinea - Папуа-Новая Гвинея
PH	Philippines - Филиппины
PK	Pakistan - Пакистан
PL	Poland - Польша
PM	St. Pierre and Miquelon - острова Сен-Пьер и Микелон (Франция)
PN	Pitcairn - остров Питкэрн (Великобритания)
PR	Puerto Rico - Пуэрто-Рико
PT	Portugal - Португалия
PW	Palau - острова Палау
PY	Paraguay - Парагвай
QA	Qatar - Катар
RE	Reunion - Реюньон
RO	Romania - Румыния
RU	Russian Federation - Российская Федерация
RW	Rwanda- Руанда
SA	Saudi Arabia - Саудовская Аравия
SB	Solomon Islands - Соломоновы острова
SC	Seychelles - Сейшельские острова
SD	Sudan - Судан
SE	Sweden - Швеция
SG	Singapore - Сингапур
SH	St. Helena - остров Святой Елены
SI	Slovenia - Словения
SJ	Svalbard and Jan Mayen Islands - острова Свальбард и Ян-Майен (Норвегия)
SK	Slovak Republic - Словацкая Республика

Internet Country Codes

SL	Sierra Leone - Сьерра-Леоне
SM	San Marino - Сан-Марино
SN	Senegal - Сенегал
SO	Somalia - Сомали
SR	Surinam - Суринам
ST	Sao Tome and Principe - Сен-Томе и Принсипи
SU	USSR (former) - СССР (бывший)
SV	El Salvador - Эль-Сальвадор
SY	Syria - Сирия
SZ	Swaziland - Свазиленд
TC	Turks and Caicos Islands - острова Теркс и Кайкос (Великобритания)
TD	Chad - Чад
TF	French Southern Territories - Французские заморские (южные) территории
TG	Togo - Того
TH	Thailand - Таиланд
TJ	Tajikistan - Таджикистан
TK	Tokelau - острова Токелау (Новая Зеландия)
TM	Turkmenistan - Туркменистан
TN	Tunisia - Тунис
TO	Tonga - Тонга
TP	East Timor - Восточный Тимор
TR	Turkey - Турция
TT	Trinidad and Tobago - Тринидад и Тобаго
TV	Tuvalu - Тувалу
TW	Taiwan - Тайвань
TZ	Tanzania - Танзания
UA	Ukraine - Украина
UG	Uganda - Уганда
UK	United Kingdom - Соединенное Королевство Великобритании и Северной Ирландии
UM	US Minor Outlying Islands - мелкие отдаленные острова США
US	United States - Соединенные Штаты Америки

Internet Country Codes

UY	Uruguay - Уругвай
UZ	Uzbekistan - Узбекистан
VA	Vatican City State (Holy See) - Государство-город Ватикан
VC	Saint Vincent and the Grenadines - Сен-Винсент и Гренадины
VE	Venezuela - Венесуэла
VG	Virgin Islands (British) - Виргинские острова (Великобритания)
VI	Virgin Islands (U.S.) - Виргинские острова (США)
VN	Viet Nam - Вьетнам
VU	Vanuatu - Вануату
WF	Wallis and Futuna Islands - острова Уоллис и Футуна (Франция)
WS	Samoa - Самоа
YE	Yemen - Йемен
YT	Mayotte - остров Майотта
YU	Yugoslavia - Югославия
ZA	South Africa - Южная Африка
ZM	Zambia - Замбия
ZR	Zaire - Заир
ZW	Zimbabwe - Зимбабве

УКАЗАТЕЛЬ РУССКИХ СОКРАЩЕНИЙ

АБД 86
АЛУ 28
АМ 28
АПЛ 31
АПСУ 49
АР 50
АРМ 311
АРСУ 49
АСУП 51
АСЧПУ 68
АУ 39
АЦП 22, 24, 25
БВН 213
БГС 140
БД 86
БДОС 43
БДС 188
БЕЙСИК 41
БЗ 174
БЗУ 104
БИС 184, 198
БИХ 160
БНФ 46, 113
БПФ 131
БРП 120
БУФ 128
В/В 164
ВОК 134, 218
ВОКС 218
ВОЛС 134, 159, 218
ВОС 223
ВОСС 134

ВПЛ 152
ГАМ 138
ГВС 187
Ггц 138, 139, 175
ГЕРТ 139
ГИП 143
ГПС 133
ГТД 289
Гц 75
ДВБ 287
ДКА 94
ДМОП 99
ДОС 101
ДПФ 95
ДСО 92
ДТЛ 108, 111, 182, 191, 289
ЖК 177
ЖКИ 177
ЗУ 52, 192, 281, 282
ЗУПВ 52, 250, 280
ЗУПД 85
ИБП 300
ИИЭР 158
ИПЛ 167
ИПС 168, 214
ИПЯ 168
ИС 154
ИСО 169
ИФАК 158
К 174
Кгц 174
КД 57

Russian Index

КД-И 58
КД-ПЗУ 59
КИХ 132
КМОП 66, 111
КНФ 68
КОБОЛ 69
КОДАСИЛ 69
КТ 312
ЛВС 176
ЛСУВВ 180
МАП 188
Мгц 189, 190, 191, 192
МДВУ 289
МДКН 78
МДКН/ИК 78
МДП 194
МДПР 266
МДЧУ 130
МЗМП 140
МНОП 99, 196, 262
модек 197
модем 197
МОНОП 197
МОП 66, 111, 127, 146, 161, 181, 188, 197, 198, 203, 211, 238, 255, 261, 271, 277, 306
МОС 169
МПЛМ 199
МПП 195
МС 168
МФМ 192
МФОИ 159
МЭК 158
НВП 301

НГМД 269
НДКА 207
НИС 108
НС 154
нс 213
ОЗУ 116, 250
ОКС 214
ООД 107
ОПЗУ 223
ОРВ 218
ОС 223
ОСГМД 130
ПБД 234
ПВВ 165
ПГИ 236
ПДП 98
ПЕРТ 234
ПЗС 55
ПЗУ 76, 123, 135, 223, 256, 301
ПКВ 287
ПЛМ 237
ПП 229
ППД 98
ППЗУ 117, 242
ППУ 238
ПСП 244
ПЦУ 91, 100
ПЭ 234
РАЛУ 249
РБД 90
РГБД 87
РЕТЛ 251
РТЛ 200, 259, 295
РША 258

Russian Index

САПР 115
СБД 267
СБИС 143, 306
СВИФТ 284
СВМС 203
СВНО 203
СДВБ 214
СДОП 233
СЗУПВ 280
СИД 179
СИС 202
СПИС 305
СППЗУ 122
СРП 227
ССИС 305
СУБД 86, 207
СУМБД 189
Tгц 196, 287
ТЛНС 89
ТЛРС 251
ТЛЭС 125
ТМО 248
ТСОП 244
ТТЛ 149, 183, 291, 296
ТТЛШ 183, 184, 283
УАПП 298
УБИС 299
УДС 186
УИС 194
УЛЗ 180
УСАПП 300
УСК 57
ФМ 238

ФМн 244
ЦВМ 96, 141
ЦДА 90
ЦКП 243
ЦМД 189
ЦП 75
ЦПУ 73
ЦРК 64
ЦСИО 169
ЦУС 206, 210
ЧМ 130, 133
Чмн 136
ЧПУ 68, 206, 239
ЧЦЛП 193
ШИМ 233, 246
ЭВМ 49, 187
ЭВП 282
ЭДВАК 117
ЭДИФАКТ 116
ЭДО 41
ЭДСАК 116
ЭЛТ 76
ЭМВОС 224
ЭОД 115
ЭП 120
ЭПЛ 118
ЭППЗУ 112
ЭСЛ 113, 114, 267
ЭСППЗУ 117
ЭЦВМ 115
ЯМД 99
ЯОД 91
ЯОХД 104

Издательство «РУССО»,
выпускающее научно-технические словари,
предлагает:

Англо-русский словарь по авиационно-космической медицине, психологии и эргономике
Англо-русский биологический словарь
Англо-русский медицинский словарь
Англо-русский медицинский словарь-справочник «На приёме у английского врача»
Англо-русский словарь по парфюмерии и косметике
Англо-русский словарь по полиграфии и издательскому делу
Англо-русский словарь по психологии
Англо-русский словарь по радиоэлектронике
Англо-русский словарь по рекламе и маркетингу с Указателем русских терминов
Англо-русский словарь по электротехнике и электроэнергетике
Англо-русский юридический словарь
Большой англо-русский политехнический словарь в 2-х томах
Русско-английский геологический словарь
Русско-английский юридический словарь
Русско-английский словарь по нефти и газу
Русско-английский физический словарь
Англо-русский и русско-английский автомобильный словарь
Англо-русский и русско-английский лесотехнический словарь
Англо-русский и русско-английский медицинский словарь
Англо-русский и русско-английский словарь ресторанной лексики
Англо-русский и русско-английский словарь по солнечной энергетике
Англо-немецко-французско-итальянско-русский медицинский словарь
Русско-англо-немецко-французский металлургический словарь

Адрес: 117071, Москва, Ленинский пр-т, д. 15, офис 323.
Тел./факс: 955-05-67, 237-25-02.
Web-страница: http://www.aha.ru/~russopub/
E-mail: russopub@aha.ru

Издательство «Р У С С О»,
выпускающее научно-технические словари,

предлагает:

Немецко-русский словарь по автомобильной технике и автосервису
Немецко-русский словарь по атомной энергетике
Немецко-русский ветеринарный словарь
Немецко-русский металлургический словарь в 2-х томах
Немецко-русский словарь по пищевой промышленности и кулинарной обработке
Немецко-русский политехнический словарь
Немецко-русский словарь по психологии
Немецко-русский сельскохозяйственный словарь
Немецко-русский словарь по судостроению и судоходству
Немецко-русский словарь по химии и химической технологии
Немецко-русский электротехнический словарь
Немецко-русский юридический словарь
Новый немецко-русский экономический словарь (Габлер)
Новый русско-немецкий экономический словарь (Габлер)
Русско-немецкий автомобильный словарь
Русско-немецкий и немецко-русский медицинский словарь

Адрес: 117071, Москва, Ленинский пр-т, д. 15, офис 323.
Тел./факс: 955-05-67, 237-25-02.
Web-страница: http://www.aha.ru/~russopub/
E-mail: russopub@aha.ru

Издательство «Р У С С О»,
выпускающее научно-технические словари,
предлагает:

Французско-русский математический словарь
Французско-русский медицинский словарь
Французско-русский технический словарь
Французско-русский словарь по химии и химической технологии
Французско-русский юридический словарь
Русско-французский словарь (с транскрипцией)
Русско-французский юридический словарь
Французско-англо-русский банковско-биржевой словарь
Самоучитель французского языка (с кассетой). «Во Франции — по-французски»
Итальянско-русский автомобильный словарь
Итальянско-русский политехнический словарь
Русско-итальянский политехнический словарь
Латинско-англо-немецко-русский словарь лекарственных растений
Словарь названий животных. Насекомые (латинский, русский, английский, немецкий, французский).
Словарь сокращений испанского языка
Шведско-русский горный словарь
Русско-китайский разговорник
Стрелковое оружие. Терминологический словарь
Тематический словарь сокращений русского языка

Адрес: 117071, Москва, Ленинский пр-т, д. 15, офис 323.
Тел./факс: 955-05-67, 237-25-02.
Web-страница: http://www.aha.ru/~russopub/
E-mail: russopub@aha.ru

ФАДЕЕВ С. В.

ТЕМАТИЧЕСКИЙ СЛОВАРЬ СОКРАЩЕНИЙ СОВРЕМЕННОГО РУССКОГО ЯЗЫКА

Около 20 000 сокращений

Вышел в свет в 1998 году

Словарь содержит около 20 000 современных сокращений русского языка, распределенных по 65 основным темам и 19 подтемам. В словаре представлены разнообразные типы сокращений: буквенные аббревиатуры, графические сокращения, сложносокращенные слова.

Словарь адресован специалистам-филологам, переводчикам, работникам средств массовой информации, а также иностранцам, изучающим русский язык. Благодаря тематическому расположению материала словарь будет полезен работникам любых профессий и отраслей знаний.

Словарь не имеет аналогов в отечественной лексикографии. Издан впервые.

Адрес: 117071, Москва, Ленинский пр-т, д. 15, офис 323.
Тел./факс: 955-05-67, 237-25-02.
Web-страница: http: //www.aha.ru/~russopub/
E-mail: russopub@aha.ru

НОВИКОВ В. Д.

РУССКО-АНГЛИЙСКИЙ ФИЗИЧЕСКИЙ СЛОВАРЬ

Около 75 000 терминов

Вышел в свет в 2000 году

Словарь содержит около 75 000 терминов по всем областям современной физики, как классическим, так и новейшим.

В нем отражены:
1. Общефизические, общенаучные и математические понятия.
2. Теоретическая физика (термодинамика и статическая физика, теория относительности и гравитация, квантовая механика, квантовая теория поля).
3. Механика, теория упругости, физика трения и пр.

Словарь предназначен широкому кругу научных работников, инженеров, преподавателей, студентов и переводчиков. Он может использоваться как учебное и справочное пособие в университетах, институтах и колледжах для освоения учащимися английской научной терминологии.

Адрес: 117071, Москва, Ленинский пр-т, д. 15, офис 323.
Тел./факс: 955-05-67, 237-25-02.
Web-страница: http: //www.aha.ru/~russopub/
E-mail: russopub@aha.ru

ГЛЯДКОВ С. В.

АНГЛО-РУССКИЙ СЛОВАРЬ ПО ПАТЕНТАМ И ТОВАРНЫМ ЗНАКАМ

Около 9 500 терминов

Выйдет в свет в 2000 году

Издание отражает современное состояние языка в областях, связанных с интеллектуальной собственностью в целом и особенно в наиболее существенных ее разделах, имеющих дело с патентами и товарными знаками. В словарь вошла лексика текстов международных соглашений в области интеллектуальной собственности, патентных законов англоязычных стран, описаний изобретений американских и европейских ведомств, периодической и научной литературы.

Словарь предназначен для широкого круга специалистов, профессионально имеющих дело с вопросами регистрации, передачи и защиты всех видов интеллектуальной собственности.

Настоящее издание, являющееся третьим (первое - в 1997 году), значительно переработано, причем существенно расширен охват терминов связанных с авторским правом и товарными знаками.

Адрес: 117071, Москва, Ленинский пр-т, д. 15, офис 323.
Тел./факс: 955-05-67, 237-25-02.
Web-страница: http://www.aha.ru/~russopub/
E-mail: russopub@aha.ru

ГОРОХОВ П. К.

АНГЛО-РУССКИЙ СЛОВАРЬ ПО ОБЩЕСТВЕННОЙ И ЛИЧНОЙ БЕЗОПАСНОСТИ

Около 15 000 терминов

Словарь содержит основную терминологию по общественной и личной безопасности и соответствующим техническим средствам и будет полезным пособием для лиц, работающих со специальной литературой на английском языке.

В словаре представлены термины по правовым, административным и техническим мерам защиты, средствам поиска и досмотра, способам защиты от электронного шпионажа, средствам личной безопасности и самообороны, средствам оперативной связи, охранной сигнализации, по технической вооруженности преступных сообществ.

Словарь предназначен для специалистов правоохранительных органов и систем безопасности, преподавателей, студентов и слушателей учебных заведений соответствующего профиля, переводчиков и других лиц, работающих со специальной литературой на английском языке.

Адрес: 117071, Москва, Ленинский пр-т, д. 15, офис 323.
Тел./факс: 955-05-67, 237-25-02.
Web-страница: http://www.aha.ru/~russopub/
E-mail: russopub@aha.ru

СПРАВОЧНОЕ ИЗДАНИЕ

**ФАДЕЕВ
Сергей Владиславович**

**АНГЛО-РУССКИЙ
СЛОВАРЬ СОКРАЩЕНИЙ
ПО КОМПЬЮТЕРНЫМ ТЕХНОЛОГИЯМ**

Ответственный за выпуск
ЗАХАРОВА Г. В.

Лицензия ИД № 00179
от 28.10.1999 г.

Подписано в печать 03.08.2000. Формат 70x90/32. Бумага офсетная № 1. Печать офсетная. Усл. печ. л. 17,85.
Тираж 2060 экз. Зак. 187.

«РУССО», 117071, Москва, Ленинский пр-т, д. 15, офис 323.
Телефон/факс: 955-05-67, 237-25-02.
Web: http://www.aha.ru/~russopub/
E-mail: russopub@aha.ru

Отпечатано в ГУП «Облиздат», г. Калуга, пл. Старый Торг, 5.